7 MINUTES PAR JOUR
FESSIERS

INTRODUCTION

Quelle est celle n'ayant jamais rêvé d'exhiber sur la plage des fessiers « brésiliens », toniques et galbés ? Le port des talons haut n'a d'ailleurs pas d'autre but que de faire saillir la masse fessière en basculant le bassin en avant. Malheureusement, cela altère la posture, source de douleurs lombaires. Ce livre vous permettra de redonner du volume à ce muscle, naturellement et sans user d'artifices.

Pour les Messieurs, des fessiers musclés sont un atout majeur dans tous les sports nécessitant accélération, sauts et vitesse de déplacement, ou tout simplement monter les escaliers avec agilité.

Autre argument pour s'y intéresser, ils stabilisent le bassin et la colonne vertébrale, immunisant ainsi des maux de dos. Des études ont démontré que des fessiers toniques permettent aussi de ménager ses genoux.
Dans un contexte souvent tabou, des fessiers développés permettent d'être plus performant dans la relation sexuelle en donnant de la puissance aux mouvements du bassin sans solliciter les lombaires. Pas étonnant que les fesses soient dans le top cinq de ce que regardent les femmes en premier chez un homme : ils sont un signe de force physique et de puissance sexuelle !

Beaucoup d'entre nous présentons les symptômes de « l'amnésie fessière ». Les fessiers, écrasés durant les longues périodes assis deviennent incapables de se contracter lorsqu'on les sollicite, ou manifestent un retard d'activation. Cette déficience entraîne des schémas moteurs inadéquats en impliquant des muscles secondaires n'ayant pas vocation à effectuer le mouvement. La bonne nouvelle c'est que les fessiers sont des gros muscles qui se développent vite quand on les sollicite régulièrement, ce qui rend l'entrainement gratifiant. Anatomiquement ils constituent le muscle le plus volumineux du corps et se composent de trois faisceaux : le grand fessier qui nous propulse lors de la marche et le moyen et petit fessier qui stabilisent le bassin et permet les mouvements d'abduction de jambe. La beauté de ce programme c'est qu'il convient aux débutants comme aux athlètes confirmés, certains exercices peuvent être rendus très difficiles par l'ajout de poids aux chevilles ou en utilisant un élastique de forte résistance.

Tirer le meilleur parti de seulement 7 minutes par jour d'exercices pour transformer votre physique, éliminer la culotte de cheval et obtenir enfin les fessiers que vous méritez, tel est l'objectif de cet ouvrage. Je vous propose 30 séances de coaching qui ciblent ces muscles, chacune comprenant un échauffement, du renforcement et des étirements. J'ai regroupé une large gamme d'exercices sollicitant ce groupe musculaire, ce qui en fait une bible de l'entraînement fessiers en callisthenie.

Alors, qu'attendez-vous pour vous y mettre ?
A vos marques ! Prêt ! Partez !

MATÉRIEL UTILISÉ DANS CE LIVRE

Pour exécuter certains exercices de ce programme vous aurez besoin d'un peu de matériel :

- Une chaise
- Une bouteille d'eau
- Une bande élastique circulaire de résistance moyenne

Optionnel

- Un marchepied (on en trouve dans les magasins de bricolage à partir de 7 Euros)
- Un tapis de gym
- Une balle de tennis pour vous automasser.
- Bracelets lestés de cheville

Pour les exercices avec le marchepied assurez-vous qu'il est posé sur un sol antidérapant ou un tapis. Pour la chaise je conseille de la caler contre un mur.

MODE D'EMPLOI

Votre indispensable échauffement : respectez sa durée !

Repérez en bordeau les muscles travaillés au cours de cet entraînement.

SÉANCE #01

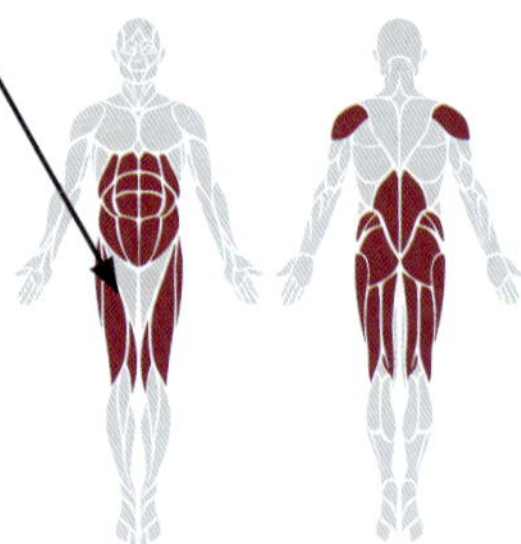

/ Abdos
/ Quadriceps

/ Paravertébraux
/ Ishios
/ Fessiers

30 s par exercice	2 séries	ÉCHAUFFEMENT

1 Enjambements vers l'arrière
Imaginez enjamber une haie et faites un cercle avec le genou vers l'arrière. Ramenez la jambe.

2 Body squats
Accroupissez-vous jusqu'à ce que vos cuisses soient parallèles au sol.

Combien de temps dure chaque exercice ?

RENFORCEMENT

DURÉE
40 s par exercice

RÉPÉTITION
2 séries

MONTÉE GENOU EN APPUI INVERSÉ

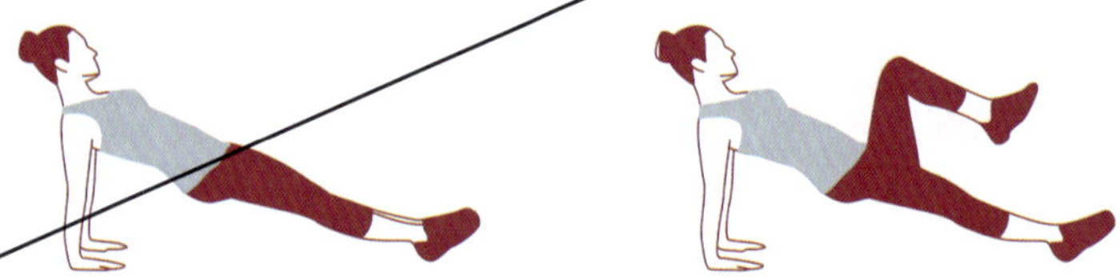

1 *Placez-vous en appui tendu inversé. Ramener un genou vers la poitrine. Alternez droite et gauche.*

Combien de fois répéter l'enchaînement des 3 exercices ?

CLAMSHELL

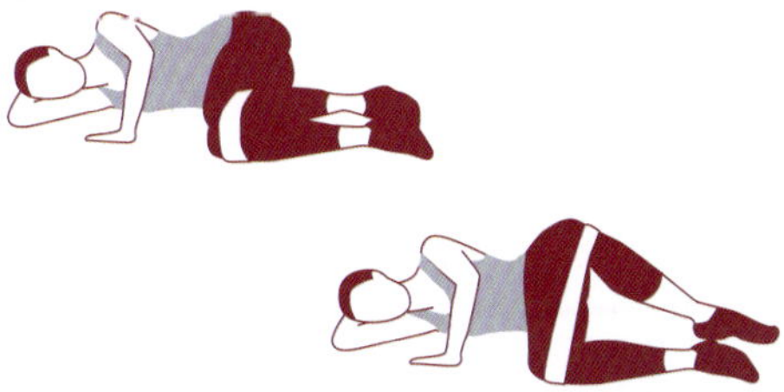

1 Couché sur le côté. Les jambes pliés à 90° un élastique autour des cuisses, écartez les genoux en gardant les pieds joints et le bassin fixe. 20 s de chaque côté.

FENTES BULGARES

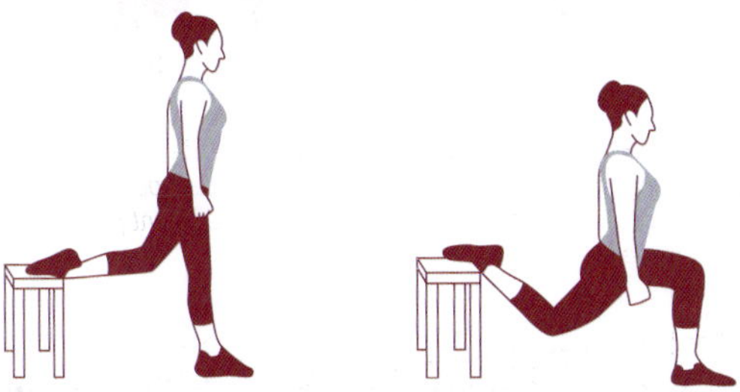

1 Placez le dos d'un pied sur le bord une chaise. Fléchissez la jambe d'appui jusqu'à ce que le genou soit à angle droit. Remontez. 20 s de chaque côté.

Prenez le temps de vous étirer avant de revenir à une activité normale.

STRETCHING | 30 s par étirement

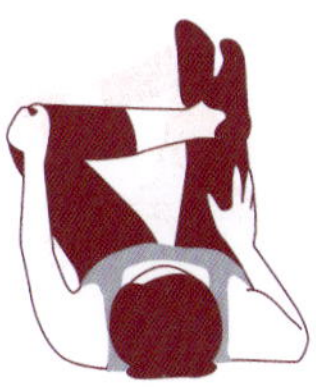

1 **Wall stretch**
Placez une jambe à 90° pied contre un mur. Croisez l'autre par-dessus. Rapprochez le bassin du mur pour augmenter l'étirement. Répétez de l'autre côté.

SÉANCE #01

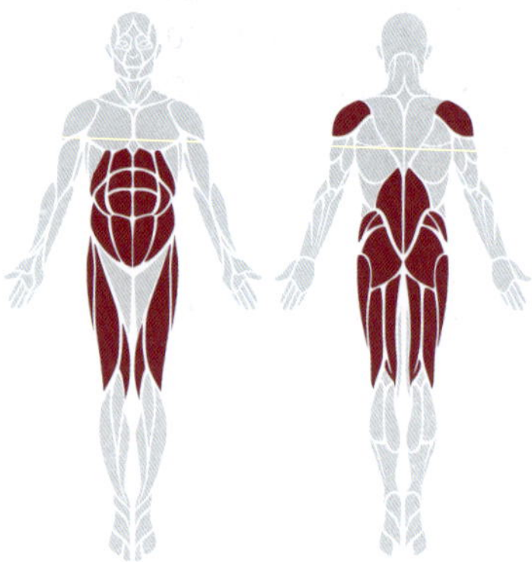

/ Abdos
/ Quadriceps

/ Paravertébraux
/ Ishios
/ Fessiers

30 s par exercice | 2 séries | **ÉCHAUFFEMENT**

1 Enjambements vers l'arrière
Imaginez enjamber une haie et faites un cercle avec le genou vers l'arrière. Ramenez la jambe.

2 Body squats
Accroupissez-vous jusqu'à ce que vos cuisses soient parallèles au sol.

RENFORCEMENT

DURÉE
40 s
par exercice

RÉPÉTITION
2 séries

MONTÉE GENOU EN APPUI INVERSÉ

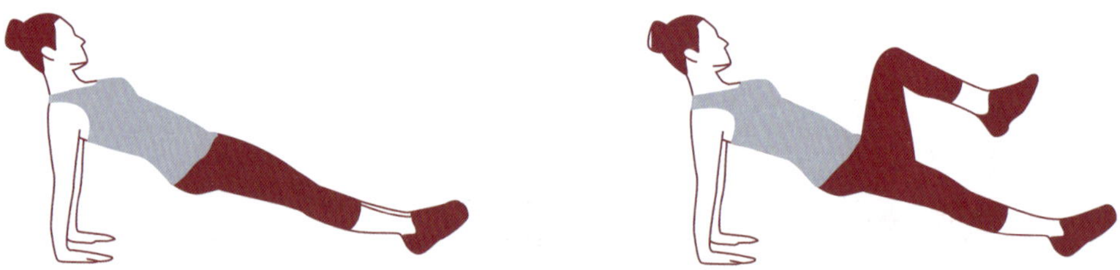

1 *Placez-vous en appui tendu inversé. Ramener un genou vers la poitrine. Alternez droite et gauche.*

CLAMSHELL

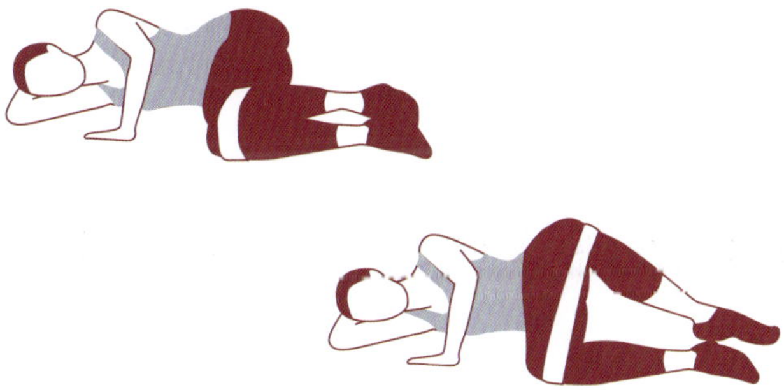

1 Couché sur le côté, Les jambes pliés à 90° un élastique autour des cuisses, écartez les genoux en gardant les pieds joints et le bassin fixe. 20 s de chaque côté.

FENTES BULGARES

1 Placez le dos d'un pied sur le bord une chaise. Fléchissez la jambe d'appui jusqu'à ce que le genou soit à angle droit. Remontez. 20 s de chaque côté.

STRETCHING 30 s par étirement

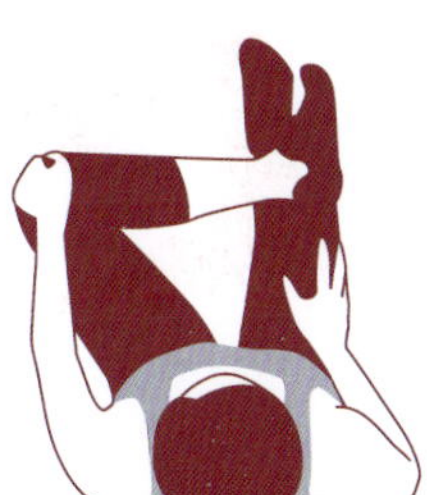

1 **Wall stretch**
Placez une jambe à 90° pied contre un mur. Croisez l'autre par-dessus. Rapprochez le bassin du mur pour augmenter l'étirement. Répétez de l'autre côté.

SÉANCE #02

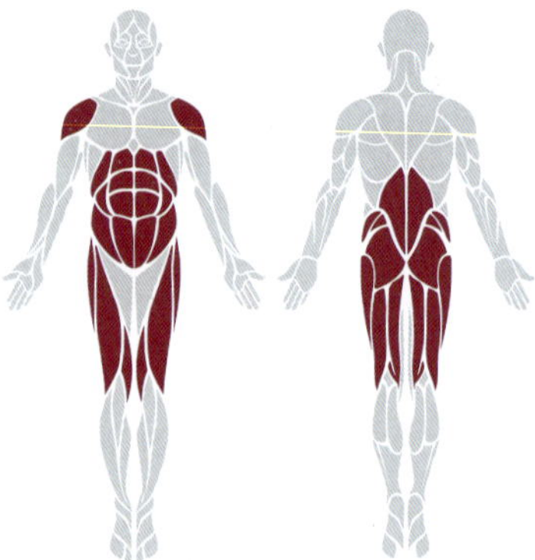

/ Abdos
/ Deltoïde antérieur
/ Quadriceps
/ Fessiers
/ Ischio
/ Paravertébraux

30 s par exercice | 2 séries | *ÉCHAUFFEMENT*

1 ***Jumping Jacks***
Écartez puis rapprochez bras et jambes en sautant. 30s.

2 ***Stretching balistique de la hanche***
Balancez la jambe fléchie d' avant arrière.

RENFORCEMENT

DURÉE
40 s
par exercice

RÉPÉTITION
2 séries

PISTOL SQUATS

1 *Assis sur une chaise, levez-vous en poussant sur une jambe, bras en avant pour garder l'équilibre. Redescendez de façon contrôlée. 20 s puis changez de côté*

BACK KICKS

En quadrupédie

1 *Tendez une jambe en arrière en tirant sur l'élastique placée autour des chevilles. Répétez durant 20 s puis changez de côté.*

BAND WALK

1 *Un élastique autour des chevilles faites quelques pas en avant, puis revenez en marche arrière.*

MASSAGE

30 s par côté

1 ***Massage avec balle***
Placez une balle de tennis sous la fesse une jambe croisée sur l'autre et roulez dessus en insistant sur les points douloureux.
Répétez de l'autre côté.

SÉANCE #03

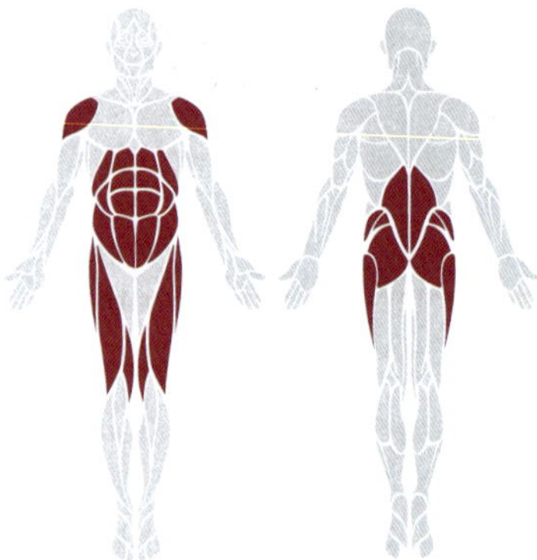

/ Abdos
/ Quadriceps
/ Deltoïde antérieur
/ TFL
/ Fessiers

30 s par exercice	2 séries	*ÉCHAUFFEMENT*

1 *Fentes latérale*
Faites un pas de côté et fléchissez le genou. Répétez de l'autre côté.

2 Cross under
En appui tendu croisez une jambe pliée à 90° sous le corps et descendez le bassin.

RENFORCEMENT

DURÉE
40 s par exercice

RÉPÉTITION
2 séries

LATÉRAL KICKS

1 *Levez la jambe le plus haut possible et ramenez là vers le sol. 20 s de chaque côté.*

PONT

1 Montez votre bassin en poussant sur les talons. Reposez le au sol. 1 min

LE SKATER D'ARGENT

1 En équilibre sur une jambe fléchie, décrivez avec l'autre un demi-cercle, jambe tendue, avant arrière.
20 s de chaque côté.

STRETCHING

30 s par étirement

1 **Wall stretch**
Placez une jambe à 90°, pied appuyé contre un mur. Croisez l'autre par-dessus. Rapprochez le bassin du mur pour augmenter l'étirement.
1 min. Répétez de l'autre côté.

SÉANCE #04

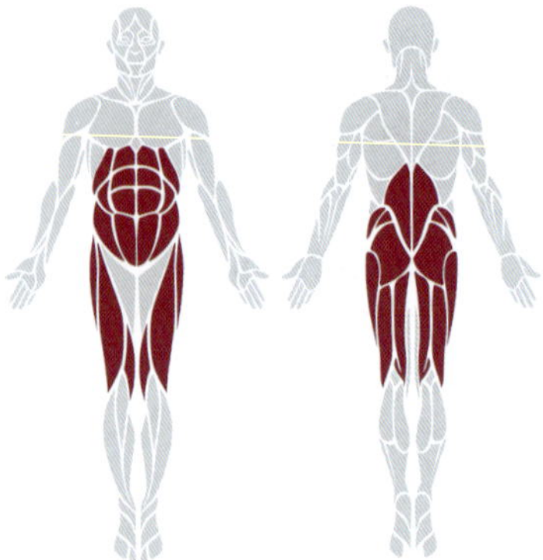

/ Abdominaux
/ Quadriceps

/ Ischios
/ Fessiers
/ Paravertébraux

30 s par exercice	2 séries	*ÉCHAUFFEMENT*

1 *Diagonal kicks*
Lancez une jambe fléchie en diagonale vers l'épaule opposée. Alternez gauche et droite.

2 *Body squat*
Accroupissez-vous jusqu'à ce que vos cuisses soient parallèles au sol.

RENFORCEMENT

DURÉE
40 s
par exercice

RÉPÉTITION
2 séries

Avec un élastique

BAND ABDUCTION

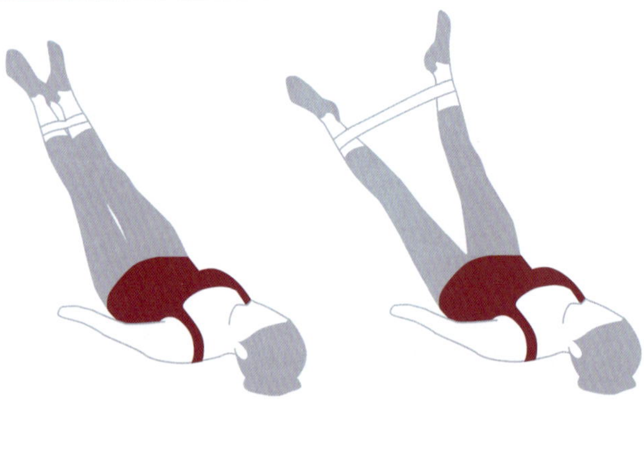

1 *Couché sur le dos, décollez du sol les jambes tendues. Écartez puis rapprochez les pieds. 1 min.*

FENTES BULGARES

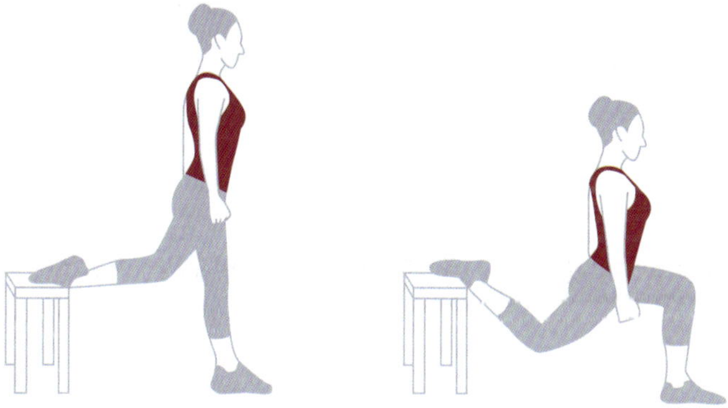

1 *Placez le dos d'un pied sur le bord une chaise. Fléchissez la jambe d'appui jusqu'à ce que le genou soit à angle droit. Redressez-vous. 20 s de chaque côté.*

FIRE HYDRANT KICKS

En quadrupédie

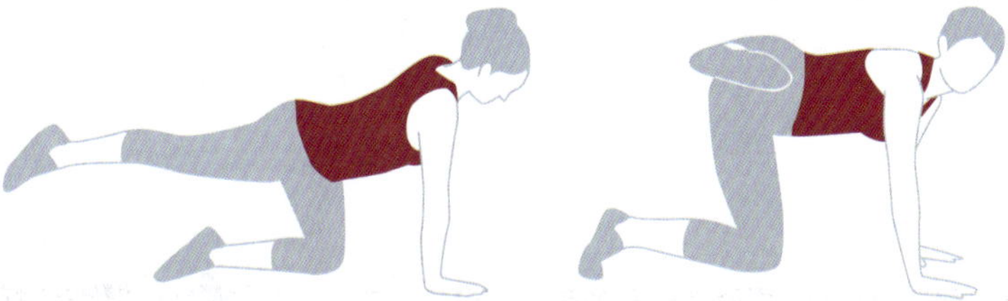

1 *Amenez une jambe tendue parallèle au sol de l'arrière vers le côté. 20 s de chaque côté.*

STRETCHING 1 min par étirement

1 ***Frog stretch***
Genoux écartés au maximum, faites des petits mouvements avant arrière avec le bassin en reculant le bassin au maximum.

SÉANCE #05

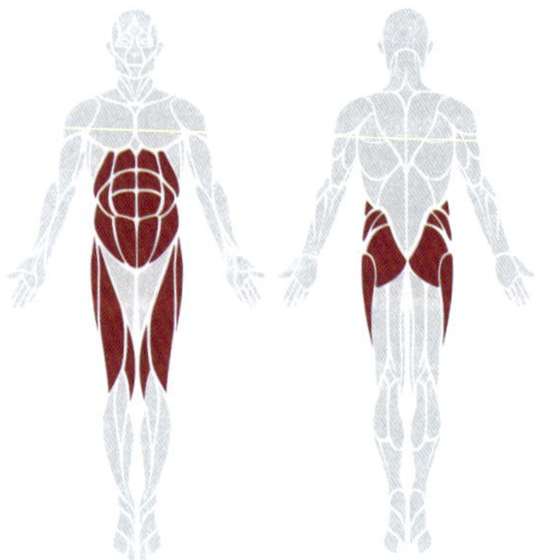

/ Abdos
/ Quadriceps
/ Obliques

/ Fessiers

30 s par exercice | 2 séries | **ÉCHAUFFEMENT**

1 Cercles de hanches
En équilibre. Réalisez des cercles de genoux dans un sens puis dans l'autre.

2 Fentes latérale
Faites un pas de côté et fléchissez le genou.

RENFORCEMENT

DURÉE
40 s
par exercice

RÉPÉTITION
2 séries

GRANDE FENTE

1 *Sur un tapis, levez-vous en poussant sur la jambe d'appui et montez le genou qui était au sol. Alternez les deux côté.*

DANSE DES SUMOS

1 En squat sumo, jambes écartées de deux fois la largeur des épaules, levez une jambe sur le côté puis reposez là en écartant les genoux, alternez droite et gauche.

ACTIVATION CROISÉE

Avec élastique

1 Une bouteille d'eau dans les mains, reculez une jambe vers l'arrière, en ouvrant la hanche et tournez simultanément le buste de l'autre côté.
Alternez droite et gauche.

STRETCHING

30 s par étirement

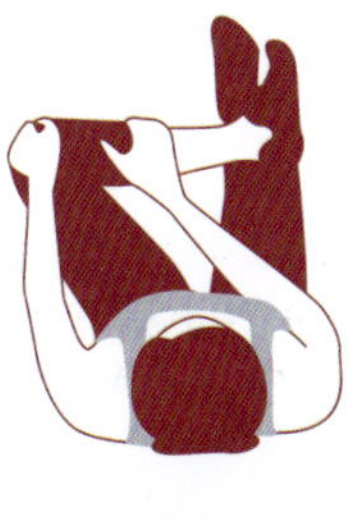

1 ***Wall glute stretch***

Couché sur le sol posez un pied contre un mur, hanche à 90°.
Croisez l'autre jambe sur la cuisse et tirez le genoux avec les mains pour le rapprocher de l'épaule opposé. 30 s de chaque côté.

SÉANCE #06

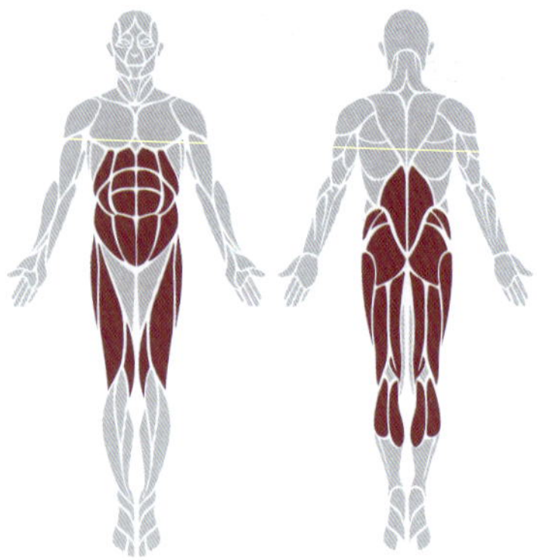

/ Abdos
/ Quadriceps

/ Parabertébraux
/ Fessiers
/ Ischios
/ Mollets

30 s par exercice | 2 séries | *ÉCHAUFFEMENT*

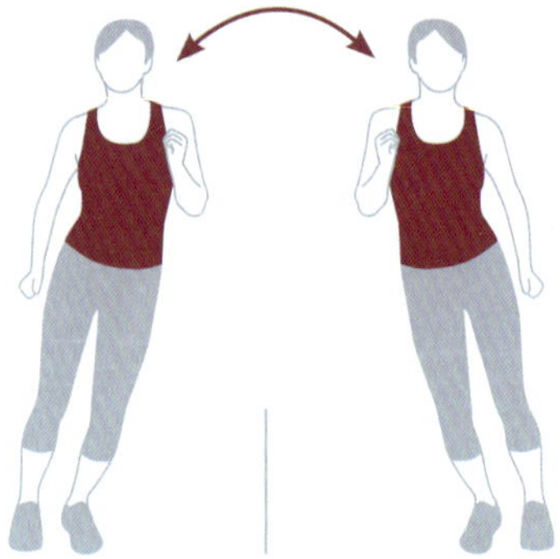

1 *Side jumps*
Sautez latéralement de part et d'autre d'une ligne imaginaire.

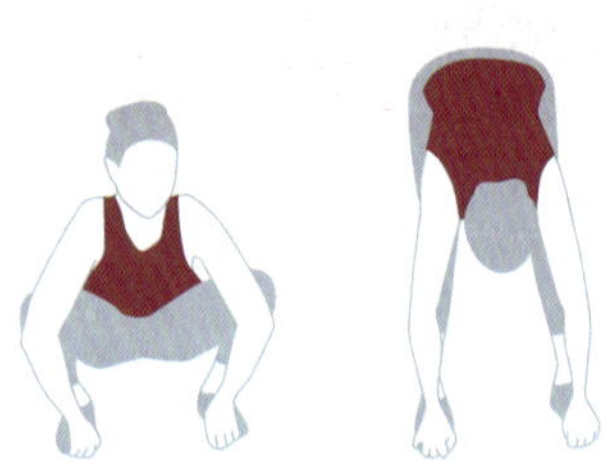

2 *Mobilité des hanches*
Montez puis descendez le bassin en écartant les genoux.

RENFORCEMENT

DURÉE
40 s
par exercice

RÉPÉTITION
2 séries

ONE LEG SIDE JUMP

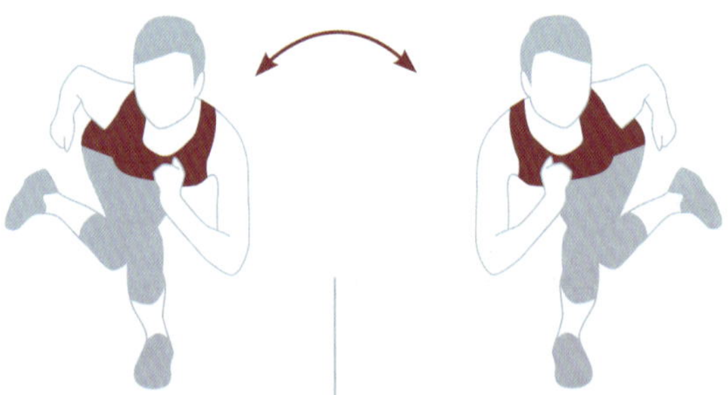

1 *En équilibre sur la jambe droite sautez vers la gauche et réceptionnez-vous sur l'autre jambe en pivotant le buste à gauche, répétez à droite. 50 s.*

JUMPS AVEC ÉLASTIQUE

1 Une élastique autour des tibias, sautez en élevant les bras.
Sautez pour revenir à la position de départ. 50 s.

DEADLIFT À UNE JAMBE

1 Debout, penchez-vous vers l'avant, dos droit, en pivotant à partir des hanches.
Touchez votre pied avec la main opposée puis redressez-vous en contractant énergiquement les fessiers. 20 s de chaque côté.

STRETCHING

1 min par étirement

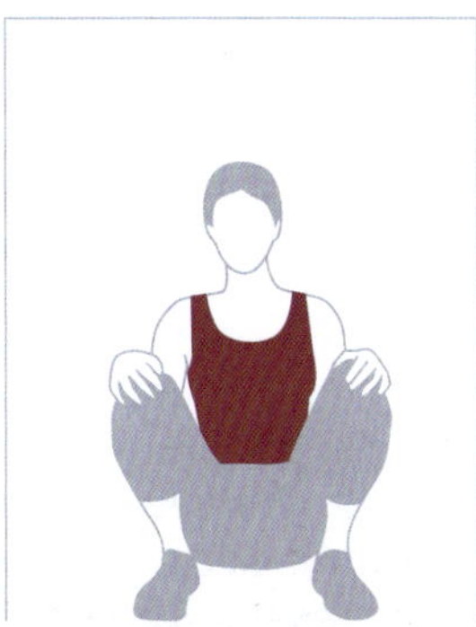

1 ***Squat complet***
Accroupissez-vous dos à un mur et laissez les fesses descendre vers le sol en respirant profondément.
1 min.

SÉANCE #07

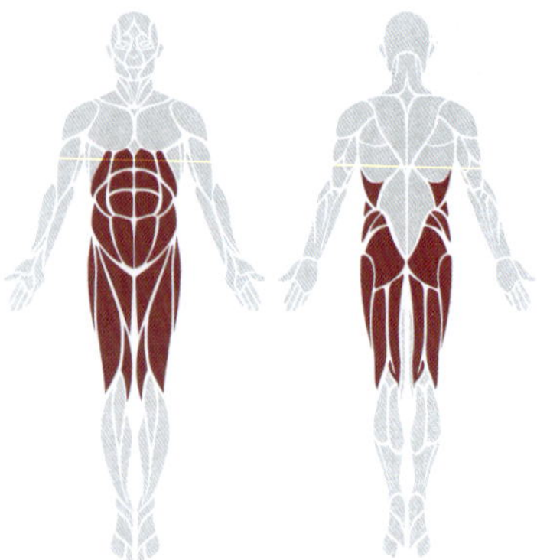

/ Abdos
/ Adducteurs
/ Quadriceps
/ Fessiers
/ Ischios
/ Obliques

30 s par exercice | 2 séries | **ÉCHAUFFEMENT**

1 Fente / twist
Descendez en fente en tirant un bras pour pivoter le buste du côté de la jambe avant.

2 Lunge and reach
Faites une fente latérale et touchez le pied avec la main opposée. Répétez de l'autre côté.

RENFORCEMENT

DURÉE
40 s
par exercice

RÉPÉTITION
2 séries

CLAMSHELL ASSIS

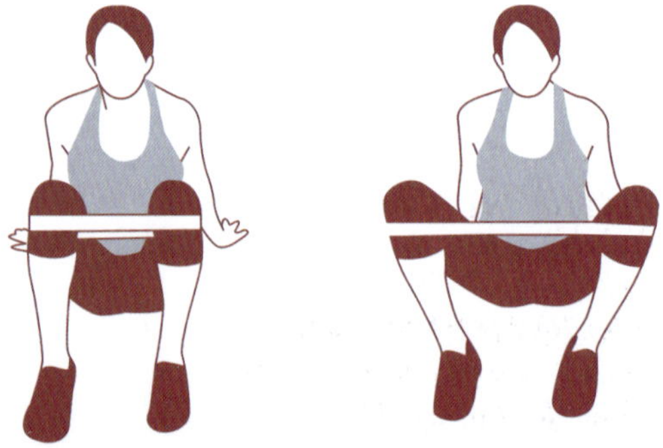

1 *Assis au sol, écartez et rapprochez les genoux.*

LATERAL KICKS

1 En appui latéral, levez puis abaissez la jambe tendue. 20 s puis changez de côté.

CLAMSHELL (COQUILLAGE)

1 Couché sur le côté, les jambes pliés à 90° un élastique autour des cuisses, écartez les genoux en gardant les pieds joints et le bassin fixe. 20 s de chaque côté.

STRETCHING

30 s par étirement

1 **Etirement de la chaine latérale**

Croisez une jambe sur l'autre et touchez l'extérieur du pied de la jambe arrière. Faites de même de l'autre côté.

SÉANCE #08

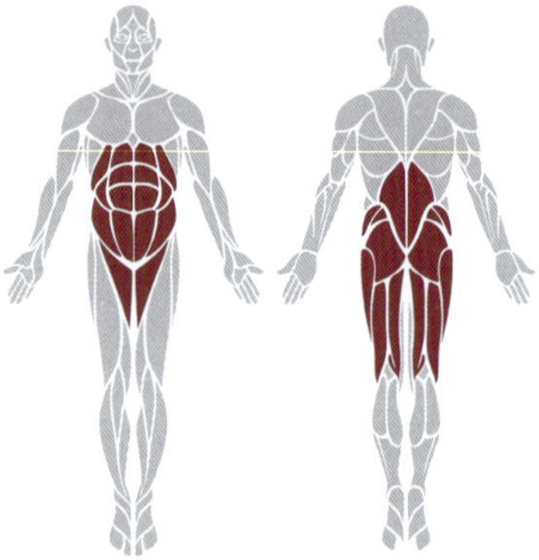

/ Abdos
/ Adducteurs
/ Obliques

/ Paravertébraux
/ Fessiers
/ Ishios

30 s par exercice | 2 séries | ÉCHAUFFEMENT

1 Jumping Jacks
Écartez puis rapprochez bras et jambes en sautant. 30 s.

2 Diagonal kicks
Lancez une jambe fléchie vers le bras opposée en diagonale.

RENFORCEMENT

DURÉE
40 s
par exercice

RÉPÉTITION
2 séries

DEADLIFT À UNE JAMBE

1 *Debout, jambes jointes.*

2 *Penchez-vous en avant le dos droit en fléchissant légèrement la jambe d'appui et touchez le sol.*
Revenir en contractant les fessiers.
20 s de chaque côté.

SIDE KICKS

1 Un genou écarté à 90°, tendez la jambe, talon vers le haut, puis revenez en plié sans baisser le genou ni incliner le buste. Tenez-vous à quelque chose pour ne pas perdre l'équilibre. 20 s de chaque côté.

WALL SHIFTS

1 Les pieds à quinze cm d'un mur fléchissez les genoux et déhanchez-vous pour le toucher avec la fesse. À mesure de vos progrès, augmentez l'écart. 20 s de chaque côté.

STRETCHING 1 min par étirement

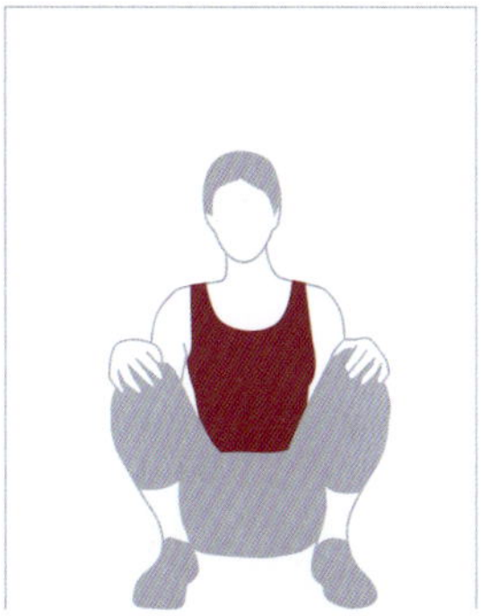

1 **Squat complet**
Accroupissez-vous le dos contre un mur sans décoller les talons. Laissez le bassin tomber vers le sol.

SÉANCE #09

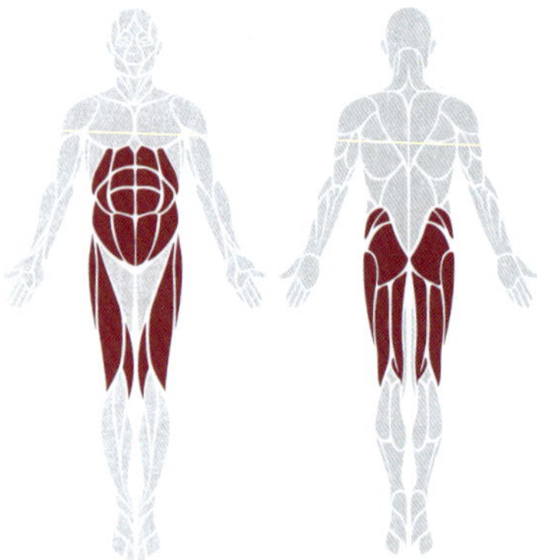

30 s par exercice | 2 séries | ÉCHAUFFEMENT

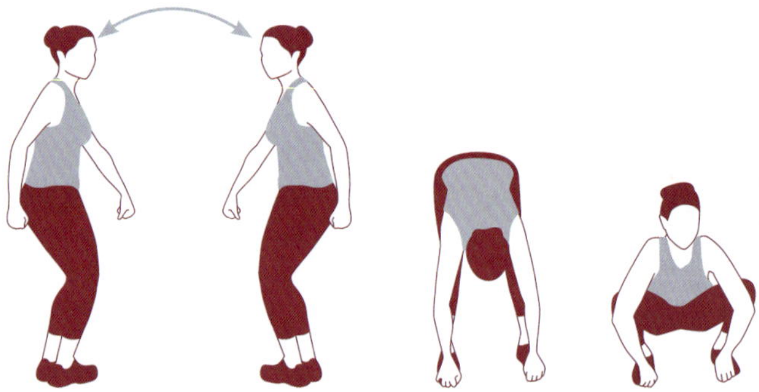

1 Twists n'jump
Sautez sur place en tournant le buste et les hanches dans un sens opposé. 30 s.

2 Mobilité des hanches
Montez puis descendez le bassin en écartant les genoux.

RENFORCEMENT

DURÉE
40 s
par exercice

RÉPÉTITION
2 séries

FENTES « PRISONNIER »

1 *Les mains croisées derrière la tête, descendez en fente. Revenez à la position de départ puis changez de jambe.*

BOUNCING SQUAT

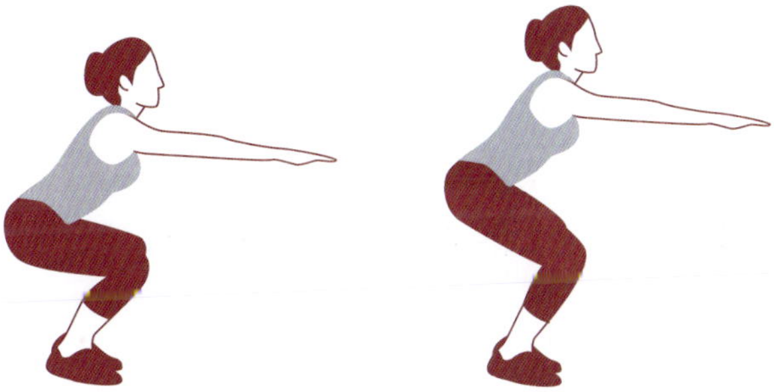

1 Accroupissez-vous, les cuisses parallèles au sol et tendez les bras en avant. Montez et descendez le bassin de 10 cm, sans pause.

BAND SIDE WALK

1 Faites des pas latéraux d'un côté puis de l'autre.

STRETCHING 30 s par étirement

1 Stretch fessier assis
Croisez une jambe sur l'autre et tirez le genou vers la poitrine 30 s puis répétez de l'autre côté.

SÉANCE #10

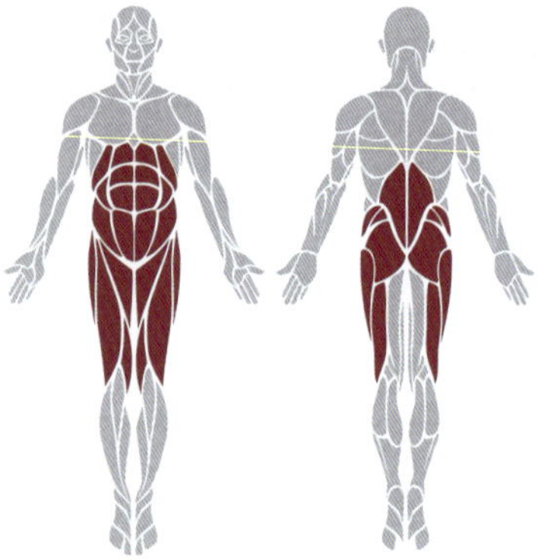

/ Abdos
/ Adducteurs
/ Quadriceps

/ Paravertébraux
/ Fessiers
/ Erecteur du rachis

30 s par exercice	2 séries	*ÉCHAUFFEMENT*

1 *Rotations des hanches*
Cercles d'amplitude maximale. Maintenez le genoux haut.

2 *Fente diagonale*
Reculez le pied droit et touchez-le avec la main gauche.

RENFORCEMENT

DURÉE
40 s
par exercice

RÉPÉTITION
2 séries

CERCLES DE JAMBE

En quadrupédie

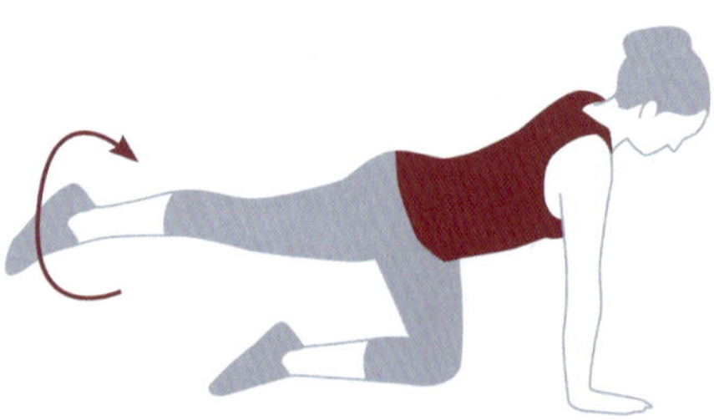

1 *Tendez une jambe en arrière et réalisez des cercles dans un sens puis dans l'autre. 20 s de chaque côté.*

EXTENSION DE HANCHES

1 Placez un coussin sur une chaise calée contre un mur et posez vos omoplates. Montez les fesses en contractant les fessiers.

PISTOL SQUATS

1 Assis sur une chaise, levez-vous en poussant sur une jambe, bras en avant pour garder l'équilibre. Descendez de façon contrôlée. 20 s puis changez de côté.

STRETCHING 30 s par étirement

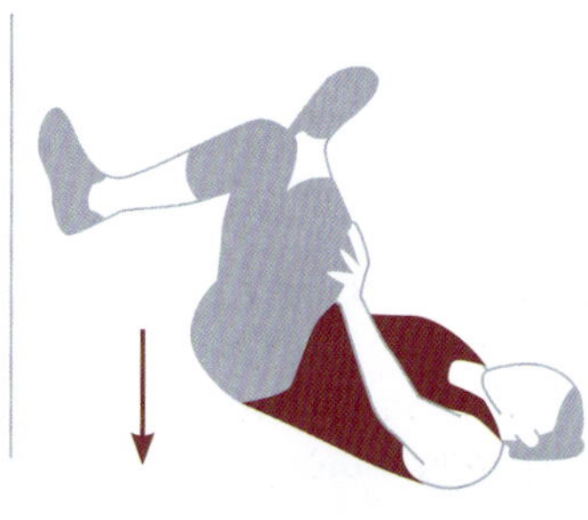

1 **Stretch intense de la hanche**
Posez le pied contre un mur et croiser une jambe sur l'autre. Rapprochez les fesses du mur jusqu'à sentir une tension dans la hanche lorsque le bassin est élevé. En soufflant et en pressant légèrement le genoux avec la main descendez le bassin vers le sol, remonte puis recommencez. 30 s de chaque côté.

SÉANCE #11

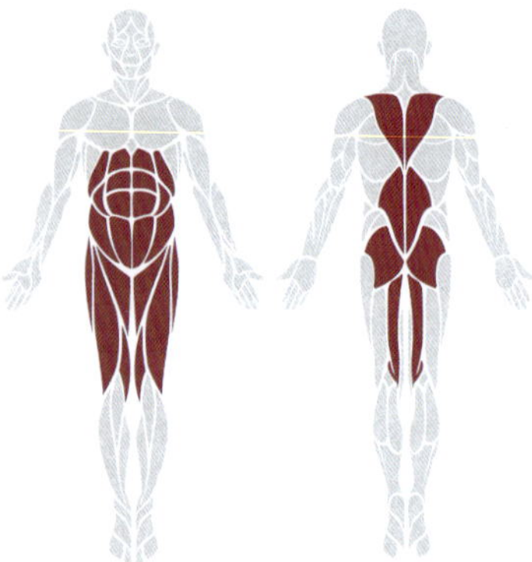

/ Abdos
/ Adducteurs
/ Quadriceps

/ Fessiers
/ Paravertébraux
/ Ischios

30 s par exercice	2 séries	*ÉCHAUFFEMENT*

1 Cercles de hanches
Réalisez des grands cercles avec les hanches, dans un sens puis dans l'autre.

2 Grand balancier de jambe
Lancez la jambe semi fléchie d'avant et en arrière, en gardant le bassin stable.

RENFORCEMENT

DURÉE
40 s
par exercice

RÉPÉTITION
2 séries

CROSS LUNGE SUR SUPPORT

1 *Fléchissez la jambe d'appui en croisant la jambe vers l'arriere aussi loin que possible. Redressez vous en montant le genoux.*
20 s puis changez de jambe.

HELICOPTER

1 *En planche sur un pied, bras en croix pivotez le buste à l'intérieur puis à l'extérieur à partir de la hanche. 20 s et changez de jambe.*

EXTENSION DE HANCHE EN UNIPODAL

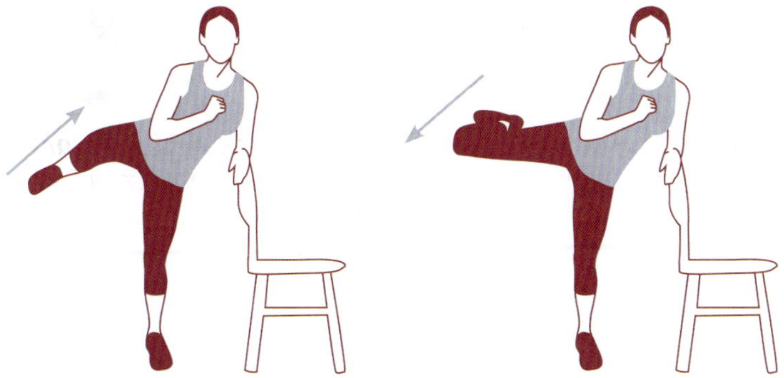

1 *La jambe fléchie écartée aussi haute que possible, tirez le genou vers l'arrière puis ramenez le vers l'avant sans qu'il ne descende. 30 s de chaque côté.*

STRETCHING

30 s par étirement

1 ***Stretch fessier jambe tendue***
Tendez une jambe à 90° et amenez-la vers l'intérieur sans décoller les omoplates 30 s de chaque côté.

SÉANCE #12

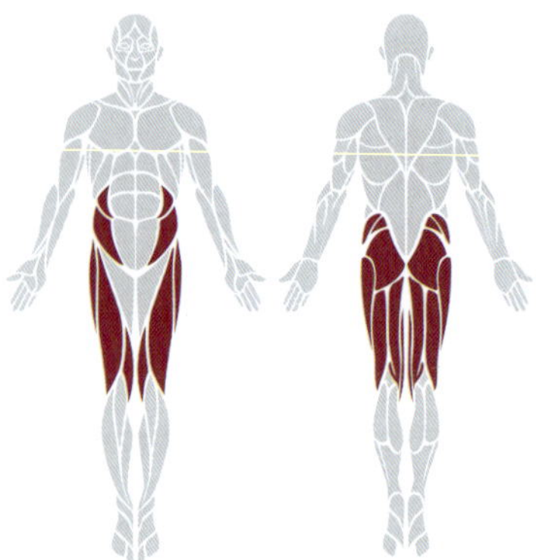

/ Quadriceps
/ Obliques

/ Fessiers
/ Psoas
/ Ischios

30 s par exercice	2 séries	*ÉCHAUFFEMENT*

1 ***Genoux / coudes***
Mains croisées derrière la tête, ramenez le genou vers le coude en alternant gauche et droite.

2 ***Talons / Fesses***
Courrez sur place en rapprochant les talons des fesses. 30 s.

RENFORCEMENT

DURÉE
40 s
par exercice

RÉPÉTITION
2 séries

BAND SQUAT

1 *Un élastique autour des cuisses, descendez en squat jambes parallèles au sol en écartant bien les genoux. 1 min.*

BAND LEG SIDE KICKS

Appuyé à un mur ou chaise

1 *Faites des battements de jambe sur le côté.*
30 s de chaque côté.

ASSISE OBLIQUE

1 *Décollez le bassin en poussant l'extérieur du genou gauche dans le sol. Revenir de façon contrôlée.*
20 s de chaque côté.

STRETCHING

30 s par étirement

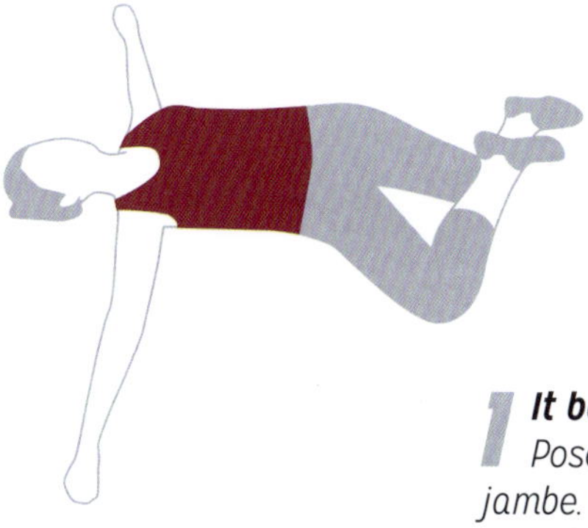

1 ***It band stretch***
Posez une cheville sur le genoux de l'autre jambe. Basculez le bassin sans décollez les omoplates du sol.

SÉANCE #13

30 s par exercice | 2 séries | *ÉCHAUFFEMENT*

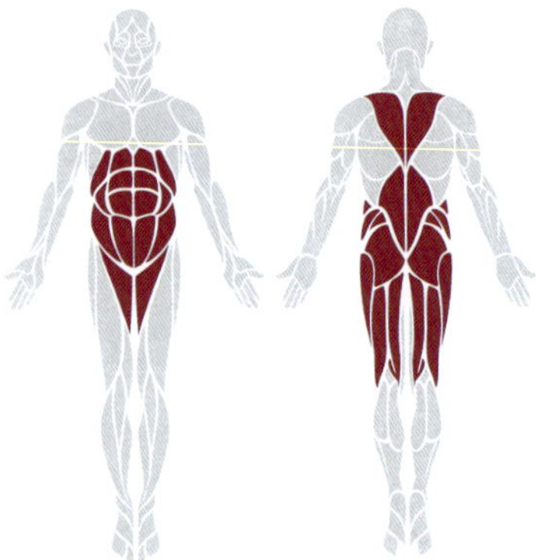

/ Abdos

/ Fessiers
/ Ischios
/ Paravertébraux

1 *Mobilité des hanches*
Debout levez le genou et tirez la cheville vers la hanche opposée.

2 *Enjambements*
Imaginez que vous enjamber une haie et faites un pas en arrière en montant le genoux. Revenez de la même façon.

RENFORCEMENT

DURÉE
40 s
par exercice

RÉPÉTITION
2 séries

RUADES

1 *En appui sur les avants-bras monter le talon au maximum en contractant les fessiers. Revenez.*
30 s de chaque côté.

EXTENSION DE HANCHES

Avec un élastique

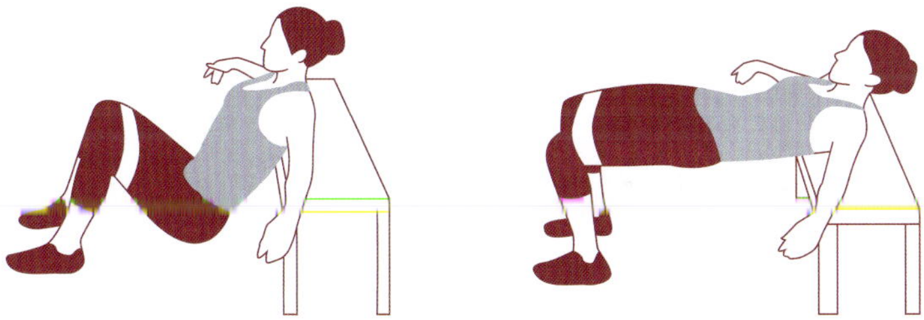

1 *Placez un coussin sur une chaise calée contre un mur et posez vos omoplates dessus. Montez les fesses en écartant les genoux. Redescendez.*

DEADLIFT À UNE JAMBE

1 *Debout, penchez-vous vers l'avant, dos droit, en fléchissant à partir des hanches. Touchez votre pied avec la main opposée puis redressez-vous en contractant énergiquement les fessiers. 30 s de chaque côté.*

MASSAGE

30 s par côté

1 ***Automassage fessier***
Croisez une jambe sur l'autre et roulez lentement sur une balle de tennis en insistant sur les points douloureux.

SÉANCE #14

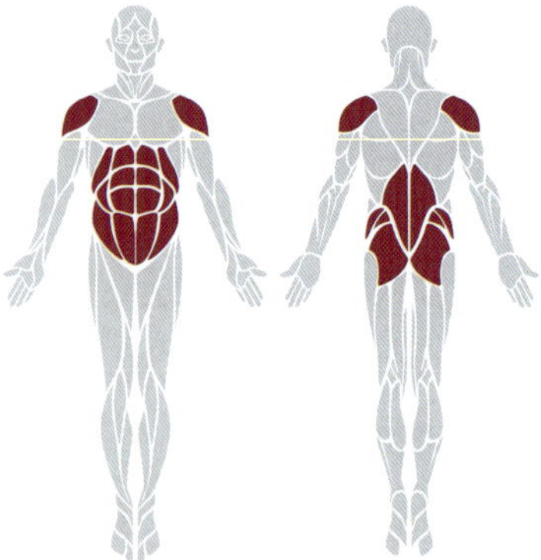

/ Deltoïde
/ Fessiers
/ Abducteurs de la hanche

/Abdos
/ Paravertébraux
/ Psoas

30 s par exercice	2 séries	*ÉCHAUFFEMENT*

1 Cercles de Genoux
En appui unipodal, faites des grands cercles de genou dans un sens puis dans l'autre.

2 Plié/tendu
Montez le genou puis lancez la jambe en arrière, bassin fixe.

RENFORCEMENT

DURÉE
40 s
par exercice

RÉPÉTITION
2 séries

CERCLES DE JAMBE EN GAINAGE LATÉRAL

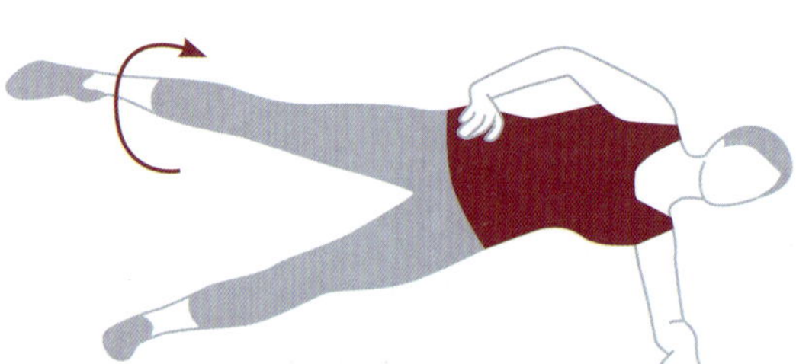

1 *Placez-vous en gainage latéral en appui coude.*
En gardant le corps immobile, réalisez des cercles avec la jambe sans bouger le bassin. 20 s de chaque côté.

FIRE HYDRANT

En quadrupédie

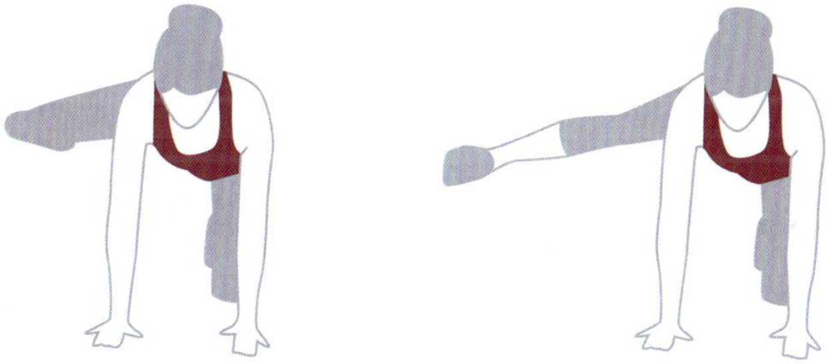

1 *Ecartez le genou. Tendez puis pliez la jambe sans descendre le genou. 20 s de chaque côté*

ABDUCTION ASSIS

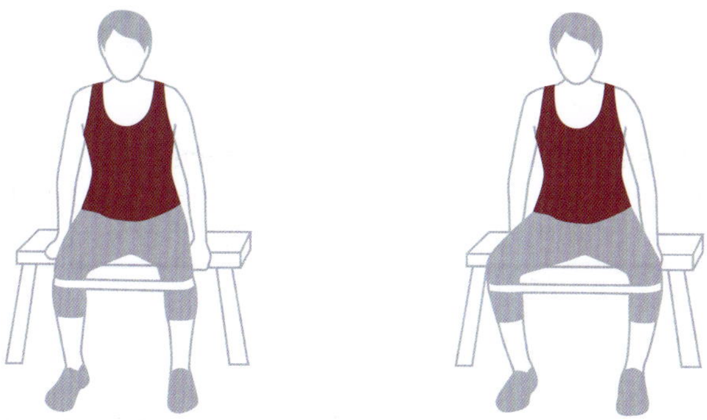

1 *Ecartez puis rapprochez les genoux en garfant la tension dans l'élastique.*

STRETCHING

30 s par étirement

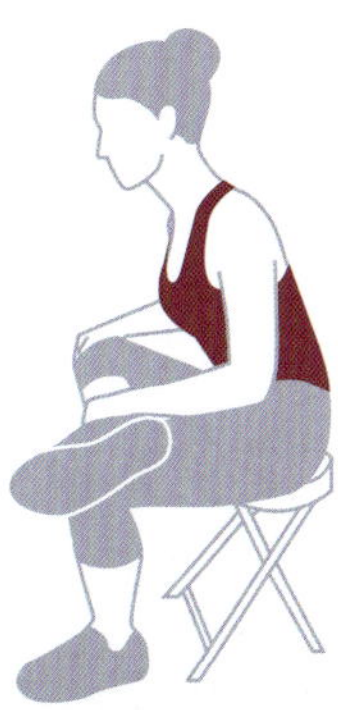

1 ***Chair stretch***

Assis, croisez une cheville sur l'autre jambe et penchez-vous en avant en gardant le dos droit. 30 s de chaque côté.

SÉANCE #15

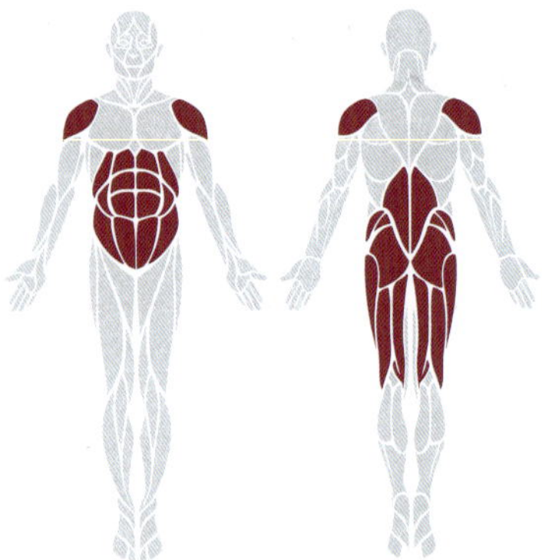

/ Abdos
/ Deltoïde
/ Obliques

/ Extenseurs du rachis
/ Fessiers
/ Ischios

30 s par exercice | 2 séries | *ÉCHAUFFEMENT*

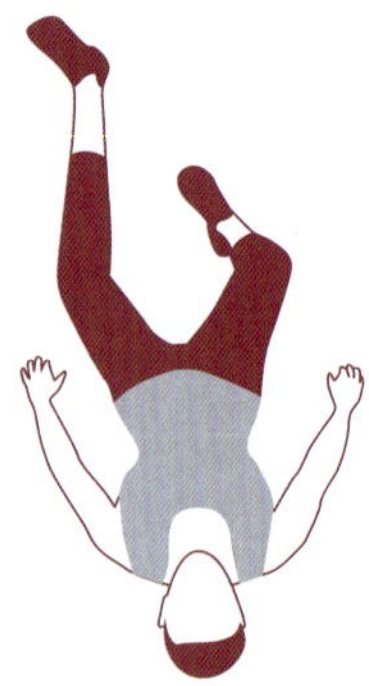

1 Battre les œufs
Cercles de sens opposé avec les pieds.

2 Passement de jambe
En appui tendu croisez la ligne du corps avec une jambe tendue.

RENFORCEMENT

DURÉE
40 s par exercice

RÉPÉTITION
2 séries

BATTEMENT EN PLANCHE SUR LE CÔTÉ

Avec élastique

1 *En planche latérale faites des battements avec la jambe tendue. 30 s de chaque côté.*

LA TABLE

1 Poussez les hanches vers le haut pour monter en position « table ». Reposez le bassin puis répétez.

ABDUCTION ASSIS

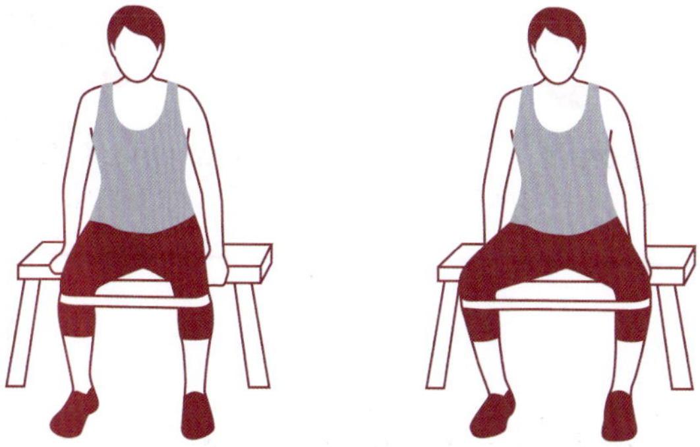

1 Ecartez puis rapprochez les genoux en maintenant la tension dans l'élastique.

STRETCHING 30 s par étirement

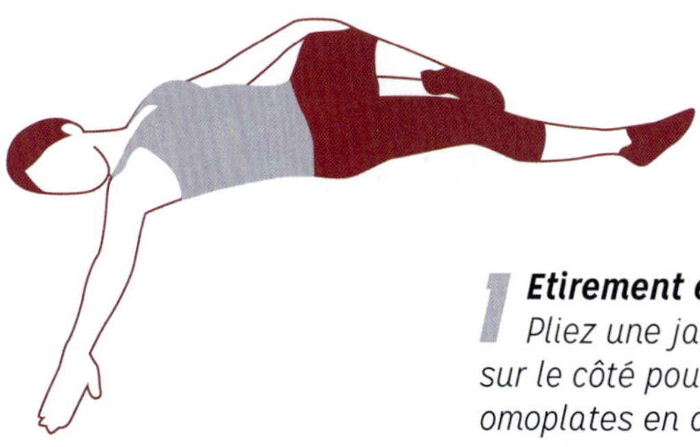

1 **Etirement en rotation interne**
Pliez une jambe à 90° et basculez le bassin sur le côté pour étirer la fesse. Gardez les omoplates en contact avec le sol.
30 s de chaque côté.

SÉANCE #16

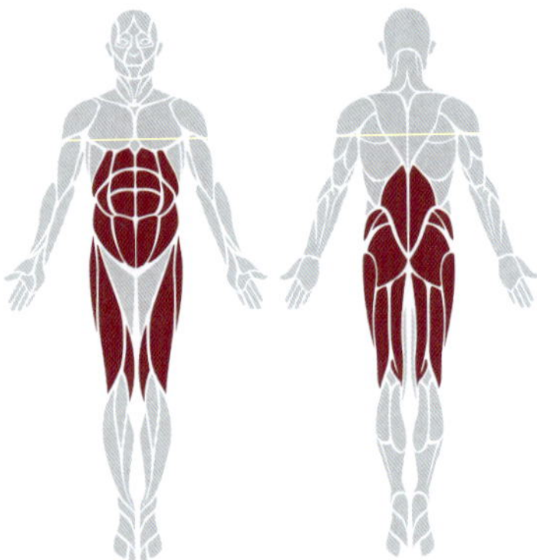

/ Abdominaux
/ Quadriceps

/ Fessiers
/ Ischios
/ Extenseurs de la colonne
/ Abducteurs de hanche

30 s par exercice | 2 séries | *ÉCHAUFFEMENT*

1 *Plié/tendu*
Montez le genou puis lancez la jambe en arrière, bassin fixe.

2 *Cercles de hanche*
Dessinez des grands cercles avec les hanches, dans un sens puis dans l'autre.

RENFORCEMENT

DURÉE
40 s par exercice

RÉPÉTITION
2 séries

WARRIOR SQUAT

1 *Debout, corps horizontal pliez puis étendez la jambe d'appui en gardant le corps gainé. 30 s de chaque côté.*

Un élastique autour des chevilles

BATTEMENT LATÉRAUX

1 En équilibre sur une jambe fléchie, réalisez des battements latéraux.
20 s de chaque côté.

GAINAGE CAPTAIN MORGAN

1 De profil, plaquez le tibia contre un mur. Penchez-vous vers lui en résistant de la jambe. Restez en gainage 20 s puis changez de côté.

STRETCHING

30 s par étirement

1 Etirement de la capsule de la hanche
En quadrupédie, placez la cheville droite devant le genou de la jambe opposée. Transférez le poids du corps sur le genou droit et reculez le bassin jusqu'à ressentir un étirement dans l'arrière de la fesse droite. 30 s de chaque côté.

SÉANCE #17

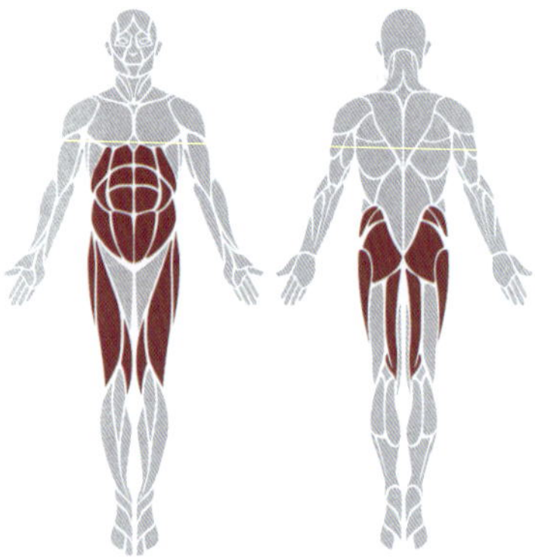

/ Quadriceps
/ Abdos

/ Fessiers
/ Abducteurs de hanche
/ Psoas

30 s par exercice | 2 séries | *ÉCHAUFFEMENT*

1 ***Fente / twist***
Descendez en fente en tirant un bras pour pivoter le buste du côté de la jambe avant.

2 ***Rump n' twist***
Sautez sur place en tournant le buste et les hanches dans des sens opposés. 30 s.

RENFORCEMENT

DURÉE
40 s
par exercice

RÉPÉTITION
2 séries

GRANDE EXTENSION DE HANCHE

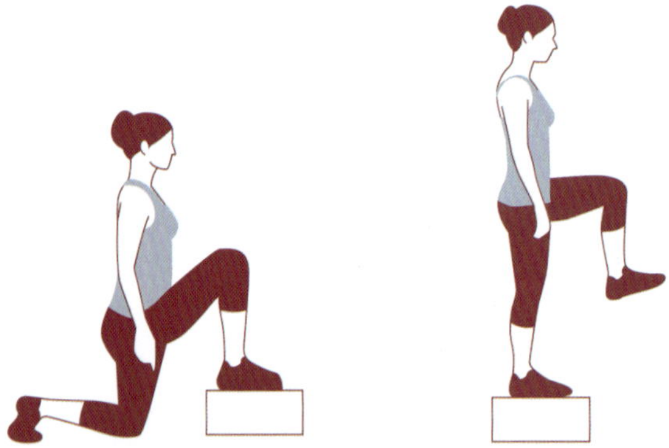

1 *En fente au sol, pied avant sur un support, redressez-vous en montant un genou vers le ciel.*
30 s de chaque côté.

STANDING BACK KICKS

Un élastique autour des chevilles

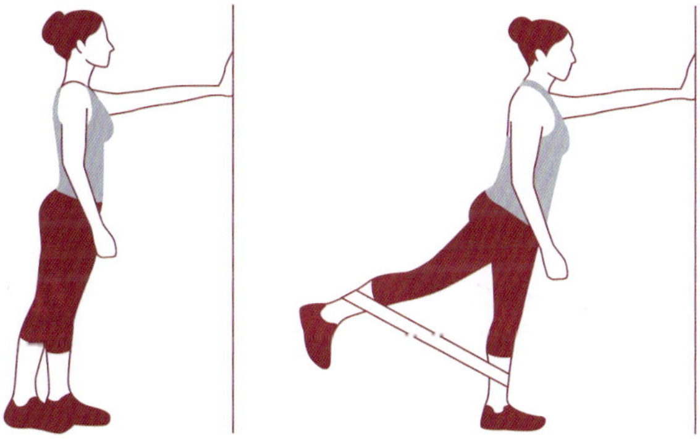

1 Penchez-vous en avant et tendez une jambe vers l'arrière. 20 s de chaque côté.

ECARTÉS DU GENOU

Avec élastique

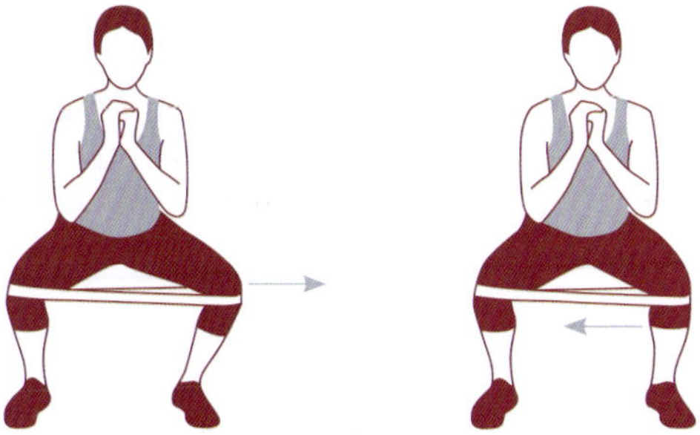

1 En demi-squat écartez et ramenez un genou sans bouger les pieds 20 s de chaque côté.

STRETCHING

30 s par étirement

1 Demi tailleur, debout

Debout, déposez une cheville sur le genou opposé et fléchissez la jambe d'appui en gardant le dos droit jusqu'à ressentir un étirement dans la hanche.

SÉANCE #18

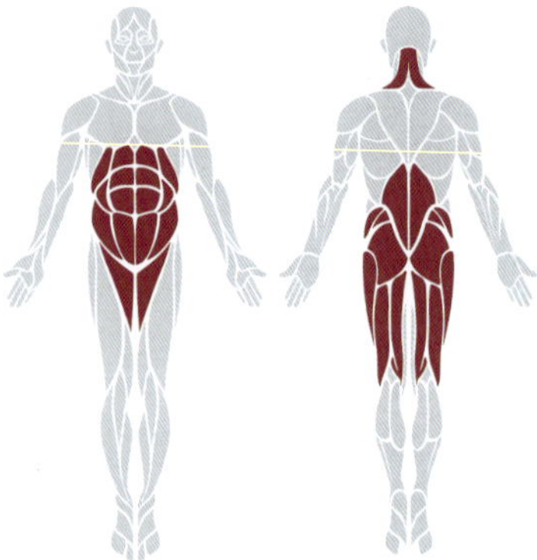

30 s par exercice | 2 séries | **ÉCHAUFFEMENT**

1 Balancier latéral
Croisez une jabe devant l'autre puis écartez la sur le côté.

2 Talons fesses
Courrez sur place en ramenant les talons aux fesses. 30 s.

RENFORCEMENT

DURÉE
40 s
par exercice

RÉPÉTITION
2 séries

PONT « GRENOUILLE »

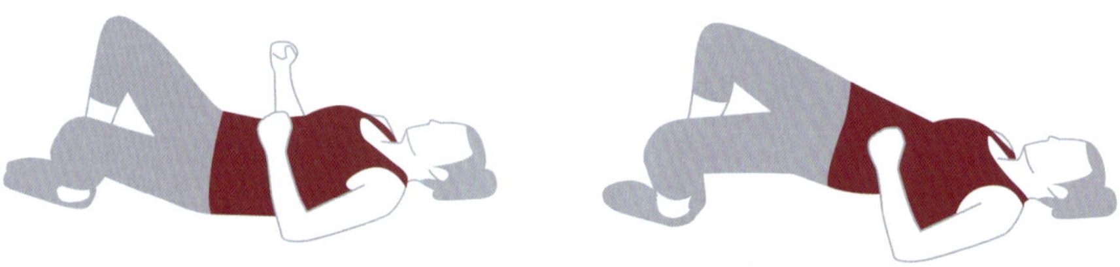

1 *Dos au sol et plantes de pied l'une contre l'autre, poussez les bords externes du pied dans le sol pour monter votre bassin. 50 s.*

ROTATIONS DE HANCHE

1 *En quadrupédie écartez la jambe sur le côté. Sans abaissez le genou monter le talon vers le plafond en faisant une rotation de hanche. Rapprochez ensuite la jambe de la poitrine. 30 s de chaque côté.*

BATTEMENT DE JAMBES COUCHÉ

1 *Battement des jambes en contractant les abdos pour éviter de cambrer le dos. Pour plus de confort, placez un coussin sous le ventre.*

STRETCHING

30 s par étirement

1 ***Stretch fessier jambe tendue***
Tendez une jambe à 90° et et tirez la vers le sol sans décoller les omoplates. 30 s de chaque côté.

SÉANCE #19

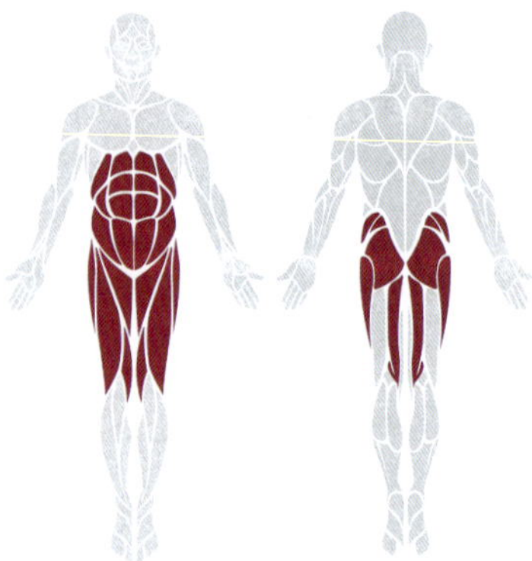

/ Abdominaux
/ Adducteurs
/ Quadriceps

/ Ischios jambiers
/ Fessiers

30 s par exercice | **2 séries** | ***ÉCHAUFFEMENT***

1 ***Montée de genoux et stretch***
Montez un genou et tirez le vers la poitrine. Changez de côté. 30 s.

2 ***Fentes latérale***
Faites un pas de côté et pliez le genoux.

RENFORCEMENT

DURÉE
40 s
par exercice

RÉPÉTITION
2 séries

PISTOL SQUATS

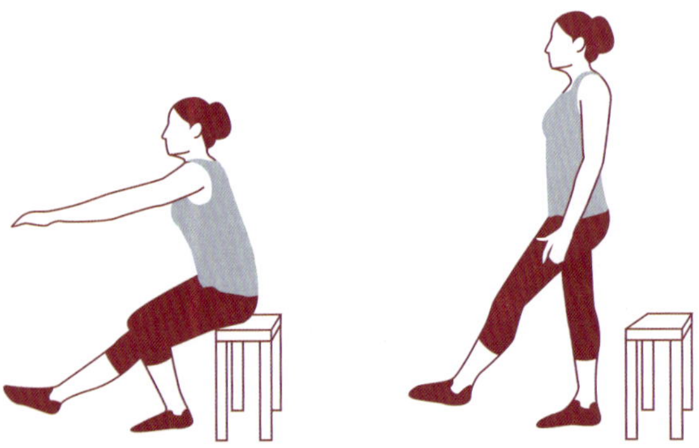

1 *Assis sur une chaise, poussez sur une jambe pour vous lever, bras en avant pour garder l'équilibre. Revenez en position assise de façon contrôlée. 20 s puis changez de côté.*

PISTOL LATÉRAL EN ÉLÉVATION

1 En équilibre unipodal sur marchepied, descendez de façon contrôlée en écartant la jambe sur le côté. Redressez-vous en montant le genou.
20 s de chaque côté.

MARCHE « SUMO »

1 Accroupi pieds très écartés et cuisses parallèles au sol, faites des petits pas vers l'avant sans monter le bassin. Tendez les bras en avant pour vous stabiliser.

STRETCHING 30 s par étirement

1 **Sitted crossed legs twist**
Assis au sol, croisez une jambe sur l'autre. En faisant levier avec le genou, pivotez le buste vers l'arrière.
30 s de chaque côté

SÉANCE #20

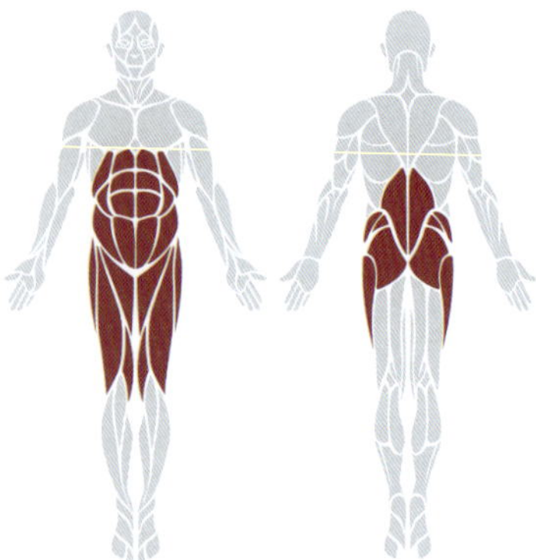

/ Quadriceps
/ Abducteurs
/ Abdos
/ Obliques

/ Fessiers
/ Rotateurs externes de hanche
/ Paravertébraux

30 s par exercice | 2 séries | *ÉCHAUFFEMENT*

1 ***Stretch de la partie haute des ischios***
Penché vers l'avant, pliez et tendez les jambes.

2 ***Jumping Jacks***
Écartez puis rapprochez bras et jambes en sautant.

RENFORCEMENT

DURÉE
40 s par exercice

RÉPÉTITION
2 séries

FIRE HYDRANT AVEC ÉLASTIQUE

En quadrupédie / Élastique

1 *Ecartez et ramenez une jambe fléchie, sans vous déhancher. 20 s de chaque côté.*

BACK KICKS

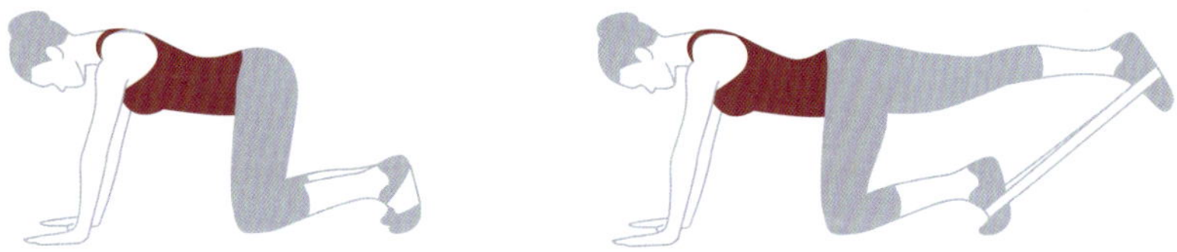

1 *En quadrupédie, tendez la jambe en arrière.*
20 s de chaque côté.

ABDUCTIONS DE HANCHE, COUCHÉ

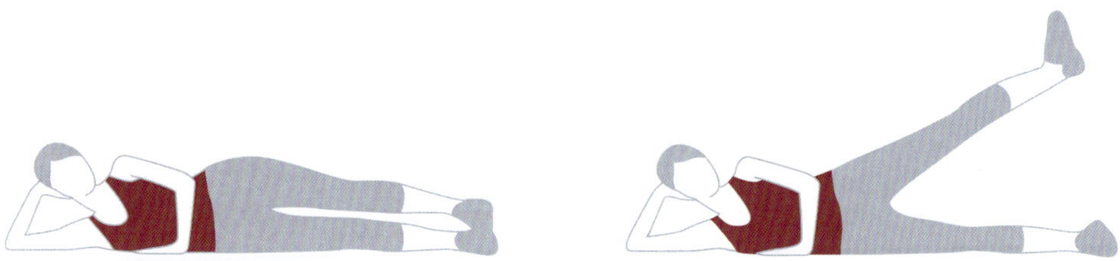

1 *Montez la jambe tendue en faisant une rotation externe de hanche (pointe de pied vers le haut).*
Abaissez-la.
20 s de chaque côté.

STRETCHING

30 s par étirement

1 ***It band stretch***
Posez une cheville sur le genoux de l'autre jambe. Basculez le bassin de côté sans décollez les omoplates du sol.

SÉANCE #21

30 s par exercice	2 séries	ÉCHAUFFEMENT

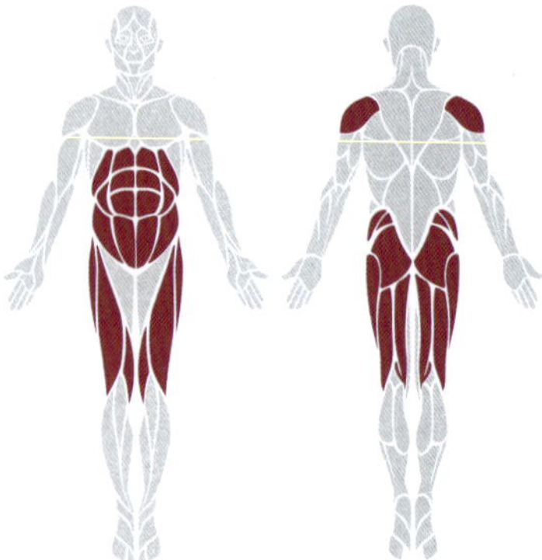

/ Abdominaux
/ Quadriceps

/ Ishios
/ Erecteur du rachis
/ Fessiers

1 *Cross over*
Couché sur le dos. Ramenez une jambe tendue vers le bras opposé en gardant les omoplates au sol.

2 *Ouverture dynamique hanche*
Ramenez un pied vers l'épaule opposée en tirant le genoux.

RENFORCEMENT

DURÉE
40 s
par exercice

RÉPÉTITION
2 séries

FENTES RAINBOW

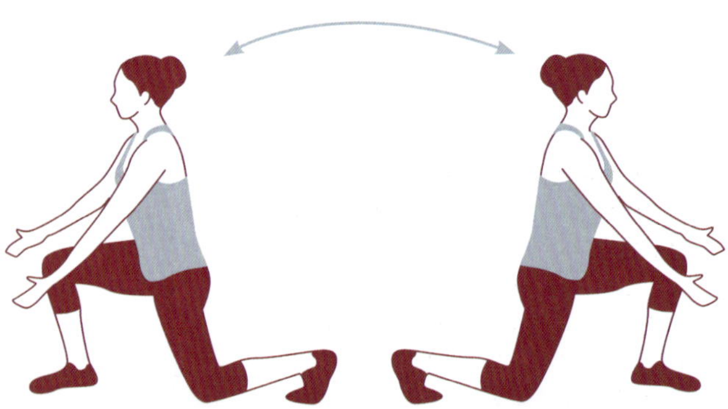

1 *Sauter et tournez à 180° en retombant en fente.*

PONT « GRENOUILLE » AVEC ÉLASTIQUE

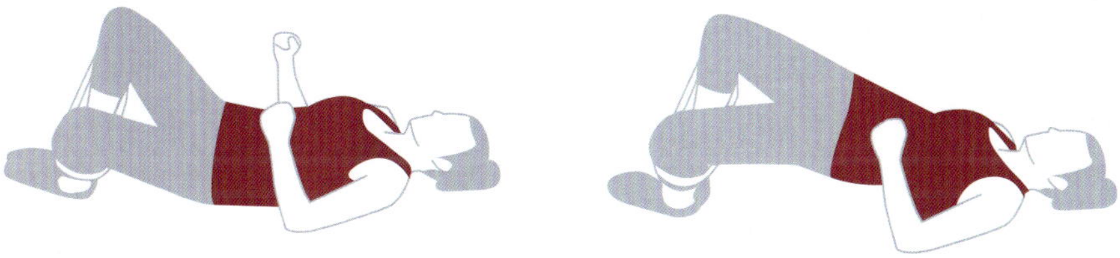

1 *Dos au sol et plantes de pied l'une contre l'autre, poussez les bords externes du pied dans le sol pour monter votre bassin. 50 s.*

PONT UNIPODAL AVEC ÉLASTIQUE

1 *Poussez sur le talon de la jambe fléchie pour monter le bassin vers le plafond, en écartant la jambe tendue.*

2 *Redescendez.*

STRETCHING 30 s par étirement

1 **Demi-tailleur debout**
Debout, fléchissez les jambes et posez une cheville sur le genou opposé. Descendez sur la jambe d'appui en gardant le dos droit, jusqu'à sentir l'étirement dans la hanche. 15 s de chaque côté.

SÉANCE #22

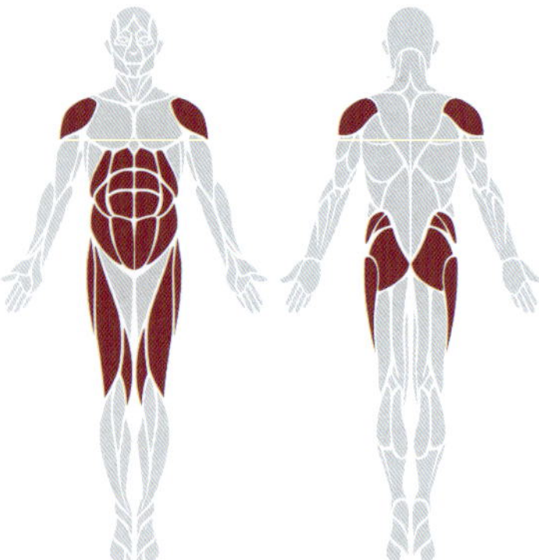

/ Abdos
/ Quadriceps
/ Deltoïde

/ Deltoïde
/ Fessiers

30 s par exercice	2 séries	*ÉCHAUFFEMENT*

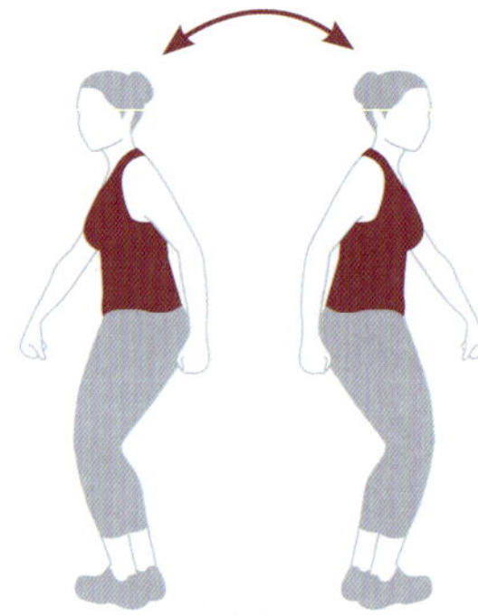

1 ***Balancier latéral***
Debout, lancez une jambe tendue sur le côté puis croiser la devant vous dans un mouvement de balancier. 15 s de chaque côté

2 ***Twist n' jump***
Sautez sur place en tournant le buste et les hanches dans le sens opposé.

RENFORCEMENT

DURÉE
40 s
par exercice

RÉPÉTITION
2 séries

ASSISE OBLIQUE AVEC ÉLASTIQUE

1 *Assis sur le côté en appui coude, genoux pliés à angle droit, poussez sur l'extérieur de la cuisse au sol et écartez les genoux. 30 s de chaque côté*

ABDUCTION AVEC ÉLASTIQUE

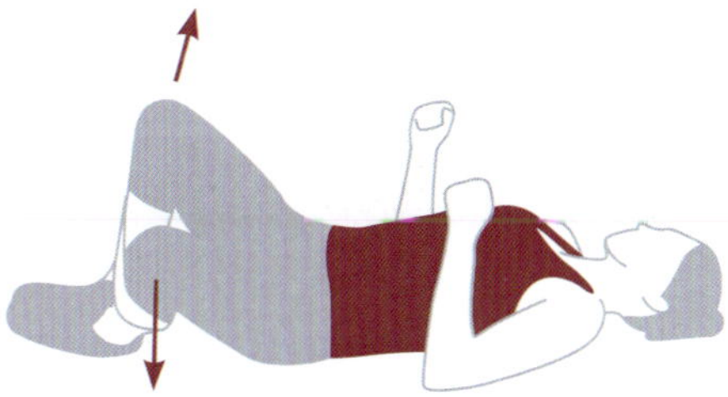

1 *Pieds joints, écartez et rapprochez les genoux.*

SAUTS EN APPUI TENDU

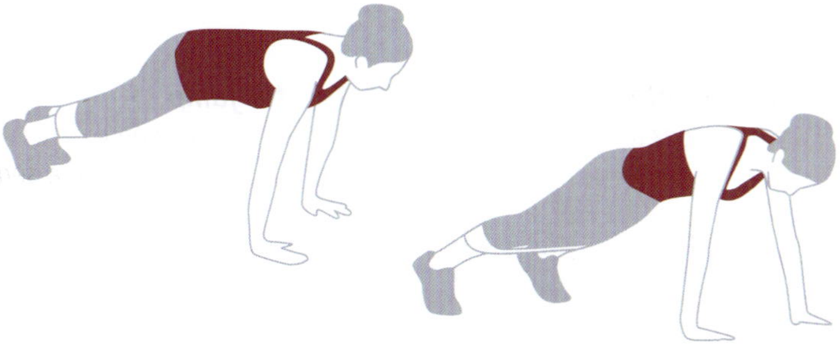

1 *Une élastique autour des mollets, écartez et rapprochez les jambes en sautant.*

STRETCHING — 30 s par étirement

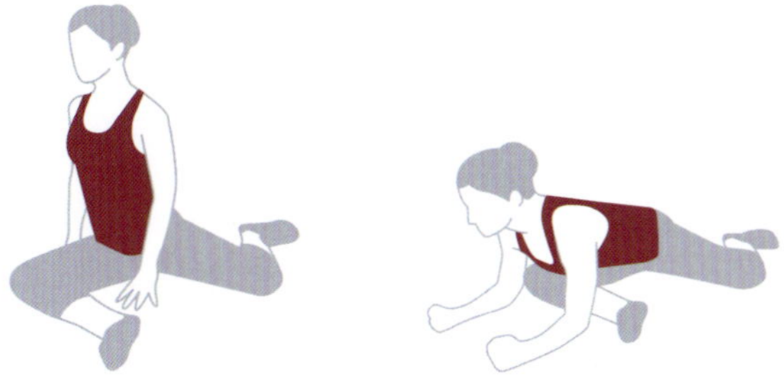

1 **Stretch 90/90**
Assis au sol, hanches et genoux à 90° rapprochez le nombril de la jambe avant en gradant le dos droit.

SÉANCE #23

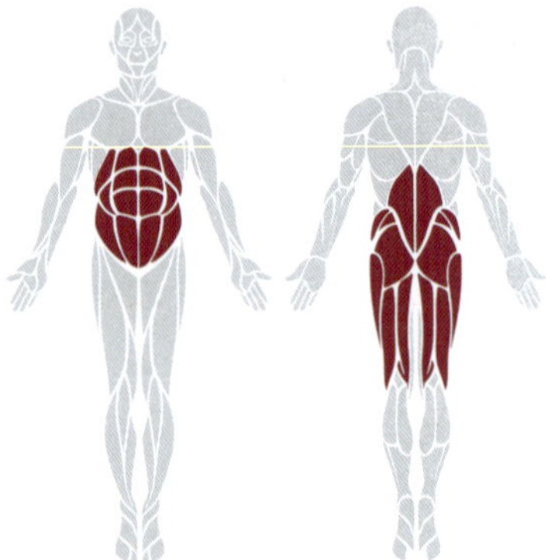

/ Abdominaux

/ Fessiers
/ Adducteurs
/ Ischios
/ Lombaires

30 s par exercice	2 séries	*ÉCHAUFFEMENT*

1 Demi tailleur en dynamique
Amenez la cheville gauche au-dessus du genou droit et descendez sur la jambe d'appui. Alternez.

2 Écarts de genoux
*Ecartez et ramenez le genou, bassin fixe.
15 s de chaque côté.*

RENFORCEMENT

DURÉE
40 s
par exercice

RÉPÉTITION
2 séries

BRIDGE UNIPODAL

1 *Montez le bassin en poussant le talon de la jambe fléchie dans le sol. Revenez. Gardez le bassin en rétroversion durant tout le mouvement. 20 s de chaque côté*

En quadrupédie

PENDULUM

1 Réalisez des adduction et des obduction jambe tendue en dessinant des arc de cercle convexes. 20 s de chaque côté

HIP RISE

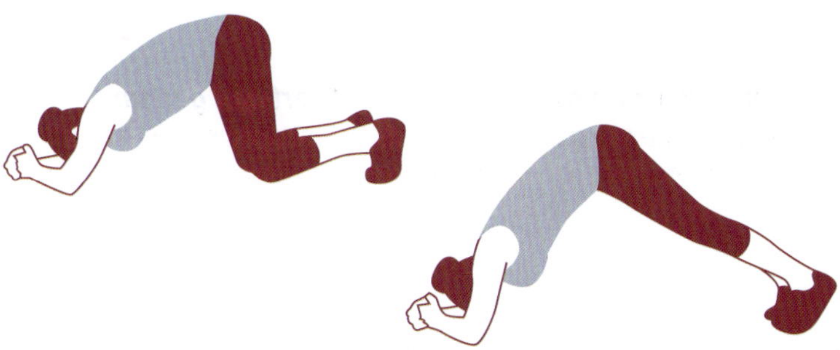

1 En appui coudes, genoux au sol, montez les fesses vers le plafond en tendant les jambes. Revenez.

MASSAGE

30 s par côté

1 **Massage avec balle**
Croisez une jambe sur l'autre et roulez une balle de tennis sous la fesse en insistant sur les points douloureux. 30 s de chaque côté

SÉANCE #24

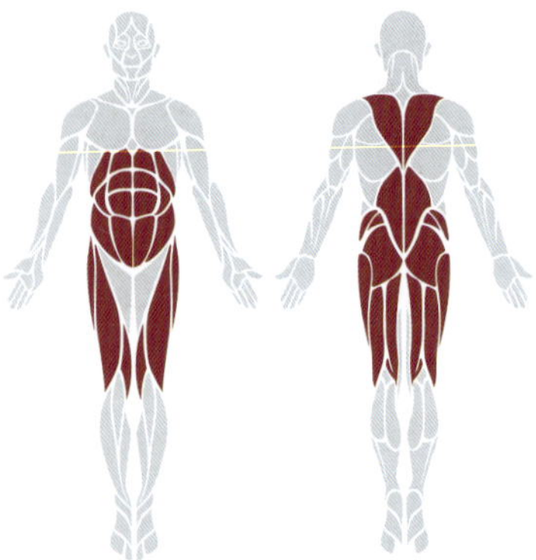

/ Abdominaux
/ Quadriceps

/ Fessiers
/ Ishios
/ Abducteurs de hanches
/ Paravertébraux

30 s par exercice | 2 séries | **ÉCHAUFFEMENT**

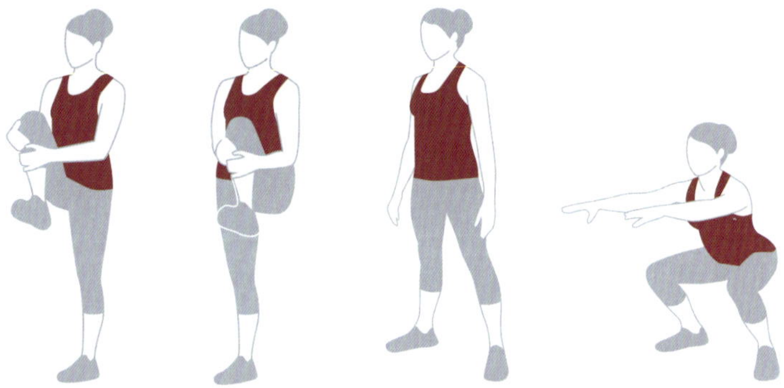

1 Montée de genoux.
Ramenez un genou sur la poitrine en accentuant la flexion avec les mains. Alternez droite et gauche.

2 Body squats
Accroupissez-vous, bras tendus, cuisses parallèles au sol, remontez.

RENFORCEMENT

DURÉE
40 s par exercice

RÉPÉTITION
2 séries

PRISONNER JUMP SQUAT

1 *Mains croisées derrière la tete, accroupissez-vous jusqu'à ce que vos cuisses soient parallèles au sol. Poussez sur les jambes et sautez le plus haut possible. Atterrissez en souplesse et enchaînez.*

BAND BRIDGE

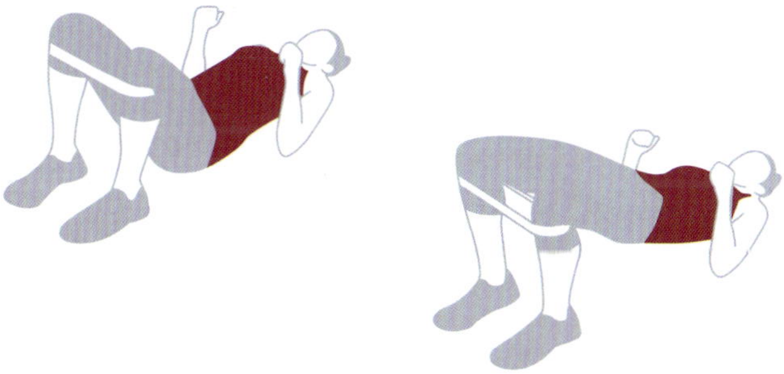

1 Poussez sur les talons dans le sol pour monter les fesses tout en écartant les genoux. Maintenez le bassin en rétroversion. 50 s

HYPEREXTENSION EN PRONATION

1 Fléchissez légèrement les jambes et décollez le bassin du sol, puis poussez vos talon vers le plafond en contractant les fessiers. Placez un coussin sous le ventre pour plus de confort.

STRETCHING | 30 s par étirement | 2 séries

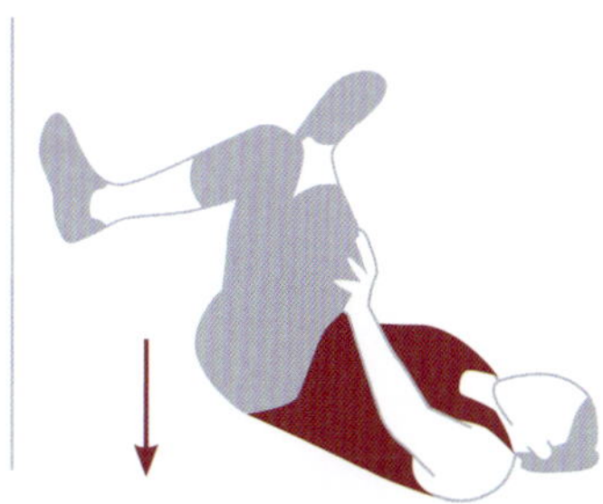

1 **Stretch intense de la hanche**
Posez le pied contre un mur et croiser une jambe sur l'autre. Rapprochez les fesses du mur jusqu'à sentir une tension dans la hanche lorsque le bassin est élevé. En soufflant et en pressant légèrement le genoux avec la main descendez le bassin vers le sol, remonte puis recommencez. 30 s de chaque côté

SÉANCE #25

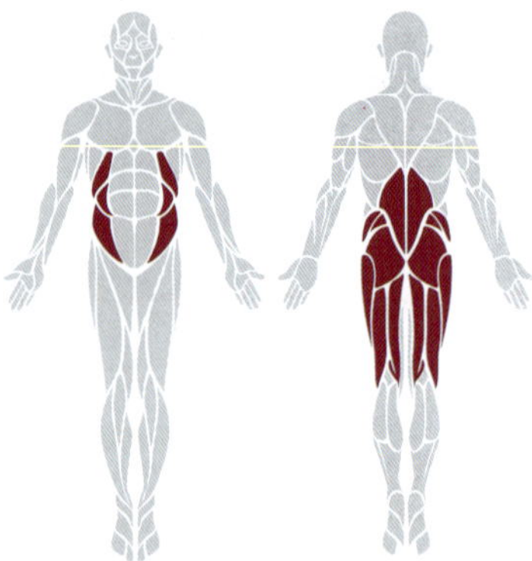

/ Obliques
/ Lombaires

/ Fessiers
/ Abducteurs de hanche
/ Ishios

30 s par exercice | 2 séries | *ÉCHAUFFEMENT*

1 ***Talons fesses***
Montez les talons vers les fesses en courant sur place.

2 ***Écartés de genoux***
Ecartez puis ramenez le genoux. 15 s de chaque côté.

RENFORCEMENT

DURÉE
40 s
par exercice

RÉPÉTITION
2 séries

ACTIVATION DES FESSIERS

1 *Un genou ramené à la poitrine, poussez avec le talon de l'autre jambe et montez le bassin. Revenez en position de départ. 20 s de chaque côté.*

CERCLES EN APPUI LATÉRAL

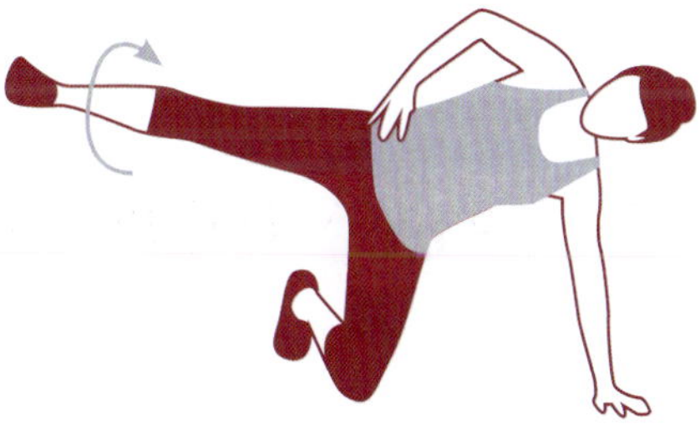

1 *Dessinez des cercles dans un sens puis dans l'autre avec la jambe tendue. Maintenez le bassin fixe 20 s de chaque côté*

BAND HIP THRUST

1 *Un élastique autour des genoux montez le bassin en poussant les talons dans le sol. Gardez le bassin en rétroversion et les genoux vers l'extérieur.*

STRETCHING — 30 s par étirement

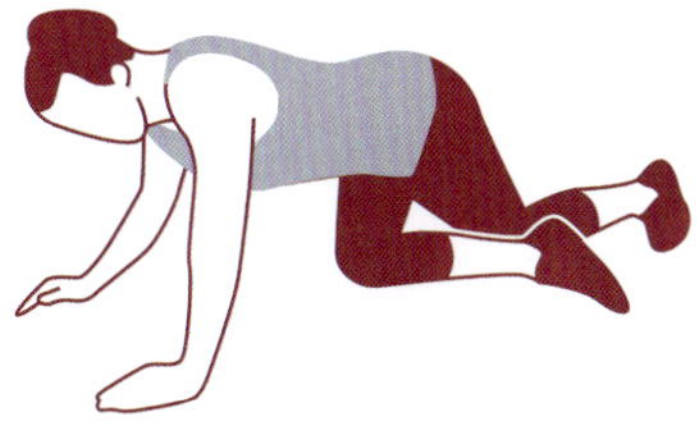

1 **Etirement de la capsule de la hanche**
A quatre pattes croisez une jambe devant l'autre, la cheville devant le genou. Transférez votre poids sur le genou de la jambe croisée et reculez les fesses pour étirez la hanche. 30 s de chaque côté.

SÉANCE #26

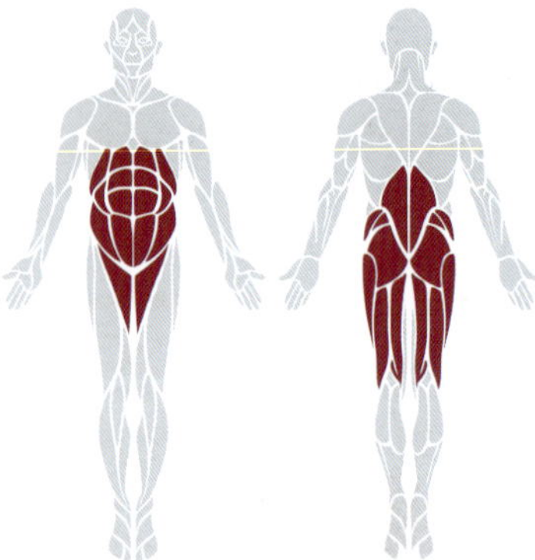

/ Abdominaux
/ Adducteurs

/ Fessiers
/ Ischios
/ Lombaires

30 s par exercice | 2 séries | *ÉCHAUFFEMENT*

1 Dance des sumos
En squat « Sumo » montez une jambe sur le côté. Revenez.

2 Montée de genoux
Courir sur place en montant les genoux à la poitrine 30 s

RENFORCEMENT

DURÉE
40 s
par exercice

RÉPÉTITION
2 séries

FIRE HYDRANT / TENDU

En quadrupédie

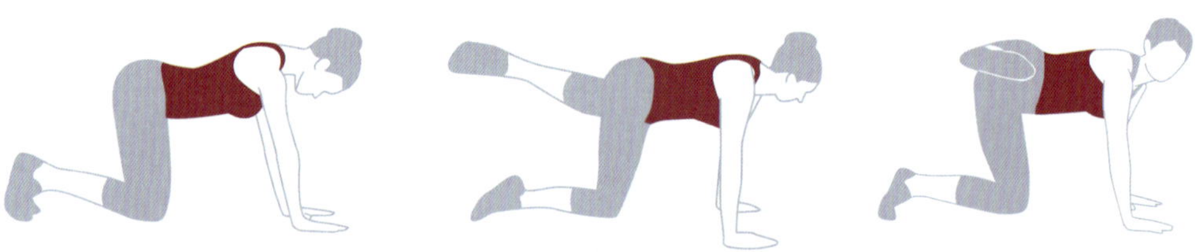

1 *Ecartez un genou le plus haut possible. Tendez la jambe. Revenez dans l'ordre inverse. 20 s de chaque côté.*

HIP THRUST UNIPODAL

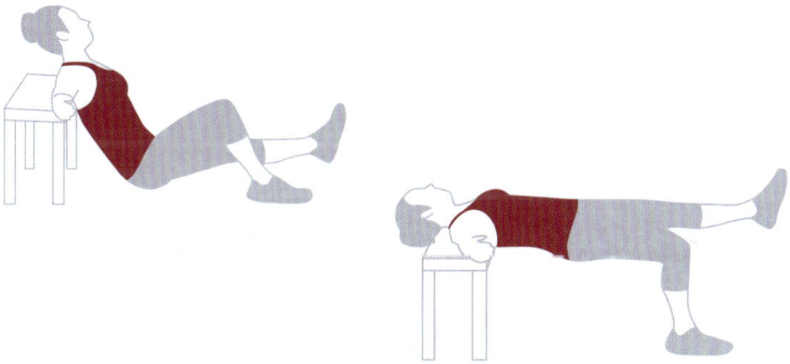

1 Dos contre le bord d'une chaise, fesses au sol. Poussez avec une jambe pour monter le bassin vers le plafond. Gardez le bassin en retroversion. 20 s de chaque côté

BAND SQUAT ABDUCTION

1 Descendez en squat en écartant les genoux. Redressez-vous écartant une jambe tendue. Alternez droite et gauche.

STRETCHING 30 s par étirement

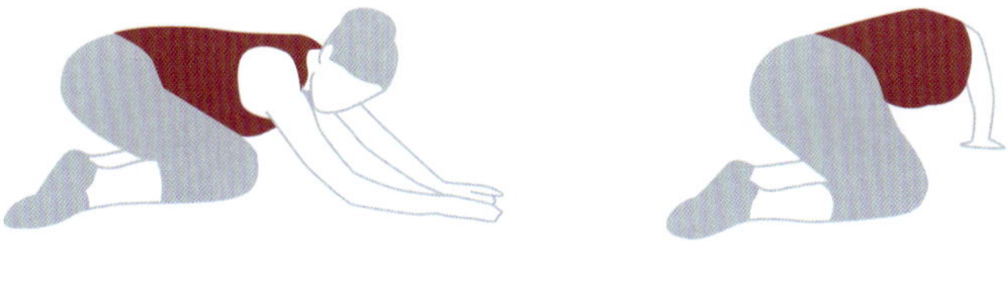

1 **Mermaid stretch**
Assis sur les chevilles, bras tendus en avant, décalez les hanches sur le côté jusqu'à sentir un étirement dans la fesse, répétez de l'autre côté.

SÉANCE #27

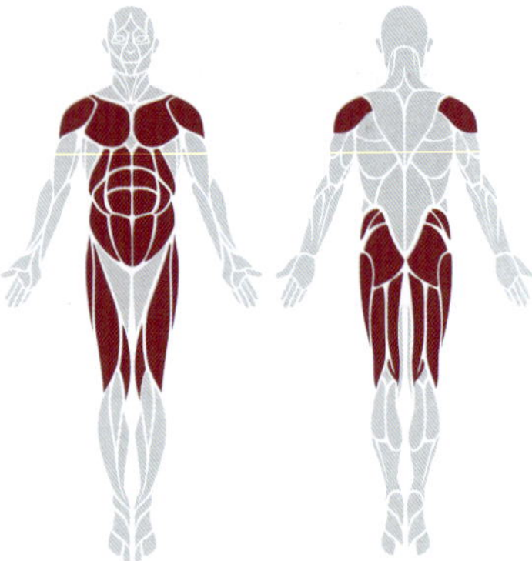

/ Abdominaux
/ Quadriceps
/ Obliques
/ Deltoïde
/ Pectauraux
/ Fessiers
/ Abducteurs
/ Ischios

30 s par exercice | 2 séries | *ÉCHAUFFEMENT*

1 Hip Cross Over
Amenez un pied vers la hanche opposée. Tirez sur le genou pour intensifier le stretch.

2 La croix
Ramenez une jambe tendue vers le bras opposé en gardant les omoplates au sol.

RENFORCEMENT

DURÉE
40 s
par exercice

RÉPÉTITION
2 séries

SQUAT COSAQUE

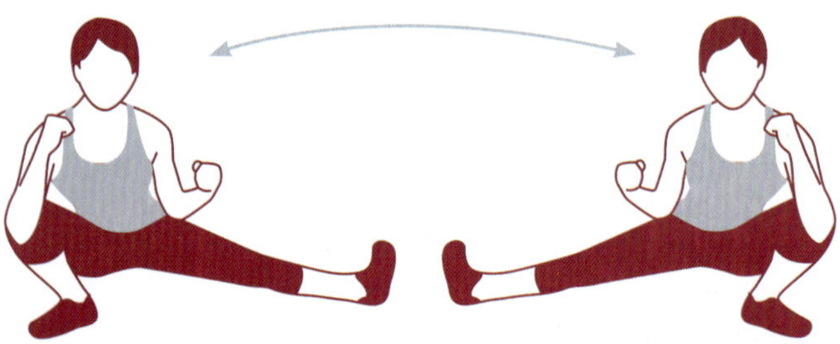

1 *Ecartez vas pieds de deux fois la largeur des épaules et pointez les vers l'extérieur. Fléchissez une jambe en gardant l'autre tendue et le dos droit. Descendez autant que votre souplesse le permet. Et répétez de l'autre côté.*

BAND ABDUCTION EN PLANCHE LATÉRALE

1 Réalisez des battement en gainage latéral avec la jambe tendue. 20 s de chaque côté.

FENTES SAUTÉES ET TWIST

1 Sautez en amenant la bouteille d'eau à l'extérieur de la jambe avancée. Alternez à droite et à gauche.

STRETCHING 30 s par étirement

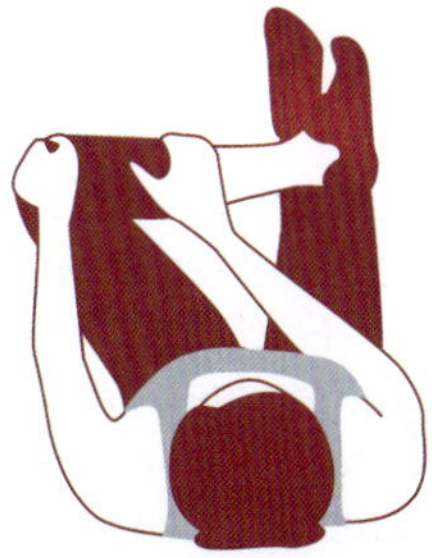

1 **Wall glute stretch**
Couché sur le sol posez un pied contre un mur, hanche à 90°.
Croisez l'autre jambe sur la cuisse et tirez le genoux avec les mains pour le rapprocher de l'épaule opposé. 30 s de chaque côté.

SÉANCE #28

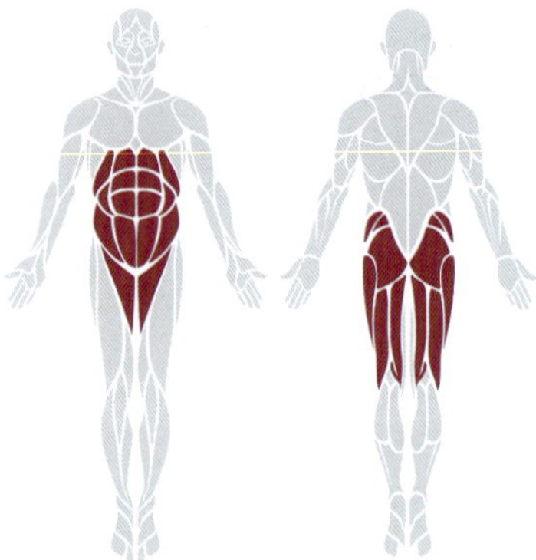

/ Abdominaux
/ Adducteurs

/ Fessiers
/ Ischios
/ Quadriceps
/ Adducteurs

30 s par exercice | 2 séries | *ÉCHAUFFEMENT*

1 ***Half split hinge***
En demi-écart reculez les fesses au maximum puis revenez. 15 s de chaque côté

2 ***Lunge n'reach***
Descendez en fente latérale en touchant le pied de la jambe fléchie de la main opposée Alternez droite et gauche.

RENFORCEMENT

DURÉE 40 s par exercice / **RÉPÉTITION** 2 séries

DRAGON SQUAT

1 *Croisez une jambe derrière l'autre. Posez la pointe de pied et descendez en fente croisée. Revenez en position initiale et répétez l'autre côté.*

LATERAL KICKS

1 *Un genou écarté à 90°, tendez la jambe, talon vers le haut, puis revenez en plié sans abaisser le genou et en gardant le tronc aussi vertical que possible 20 s de chaque côté*

STEP SIDE JUMPS

1 *Sautez latéralement le plus haut possible en prenant appui sur un marchepied.*

STRETCHING **30 s par étirement**

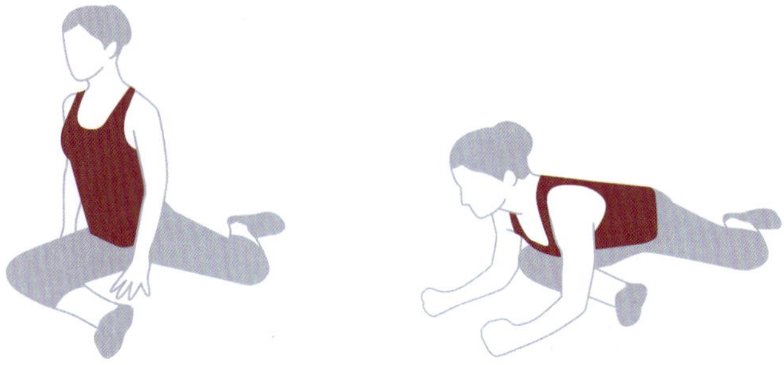

1 **Stretch 90/90**
Assis au sol, hanches et genoux à 90° rapprochez le nombril de la jambe avant sans fléchir le dos. 30 s de chaque côté

SÉANCE #29

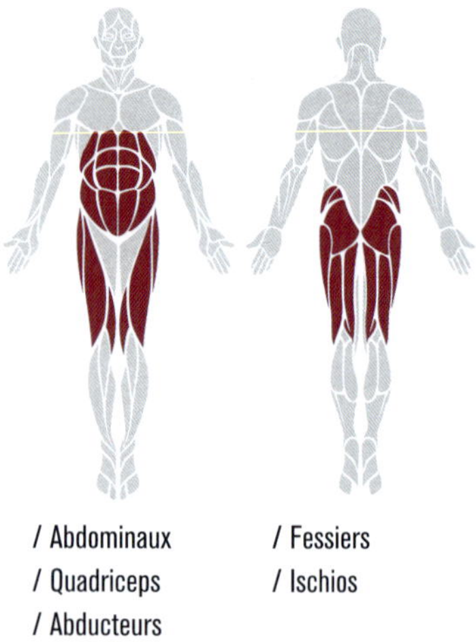

30 s par exercice | 2 séries | *ÉCHAUFFEMENT*

1 Jumping Jacks
Sautez en écartant, puis en ramenant bras et jambes.

2 Montée de genoux
Courir sur place en montant les genoux à la poitrine. 30 s

RENFORCEMENT

DURÉE
40 s par exercice

RÉPÉTITION
2 séries

PISTOL EN ÉLÉVATION

1 *En équilibre unipodal sur un marchepied, fléchissez la jambe d'appui en tendant l'autre en avant. Redressez-vous en montant le genou. 20 s de chaque côté*

PISTOL EN ÉLÉVATION 2

1 Même exercice mais croisez une jambe vers l'intérieur. 20 s de chaque côté.

PISTOL EN ÉLÉVATION 3

1 Cette fois descendez en écartant la jambe tendue. 20 s de chaque côté

STRETCHING 30 s par étirement

1 **Ouverture hanche sur chaise**
Ramenez une cheville sur le genou opposé et penchez-vous en avant, dos droit. 30 s de chaque côté.

SÉANCE #30

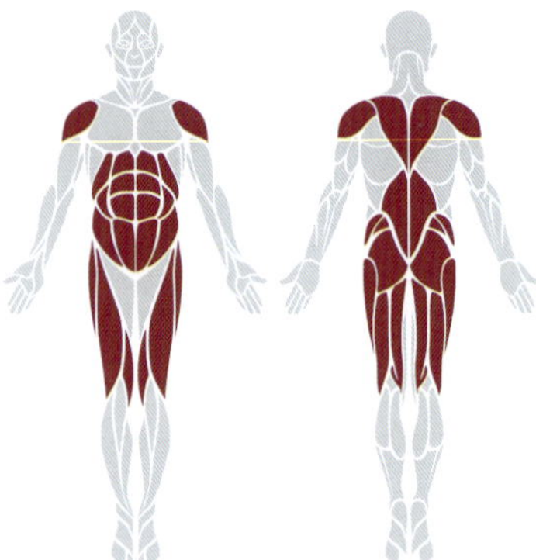

/ Abdos
/ Quadriceps

/ Fessiers
/ Ischios
/ Lombaires
/ Trapèze

30 s par exercice | 2 séries | *ÉCHAUFFEMENT*

1 ***Pendulum avant arrière***
En vous appuyant à un support, balancez une jambe semi fléchie d'avant arrière, bassin fixe.

2 ***Fente twist en croix***
Reculez un pied et touchez la cheville avec le bras opposé en pivotant le buste.

RENFORCEMENT

DURÉE
40 s
par exercice

RÉPÉTITION
2 séries

En quadrupédie

BAND SIDE JUMPS

1 *Band Side jumps. Un élastique autour des chevilles, sautez le plus haut possible de côté en prenant appui sur un marchepied.*

BAND BACK KICKS

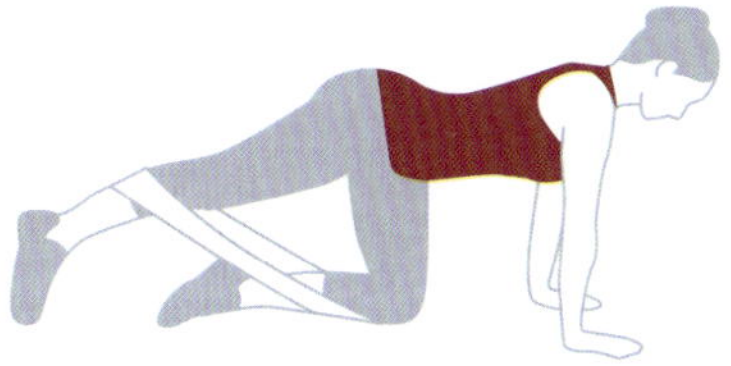

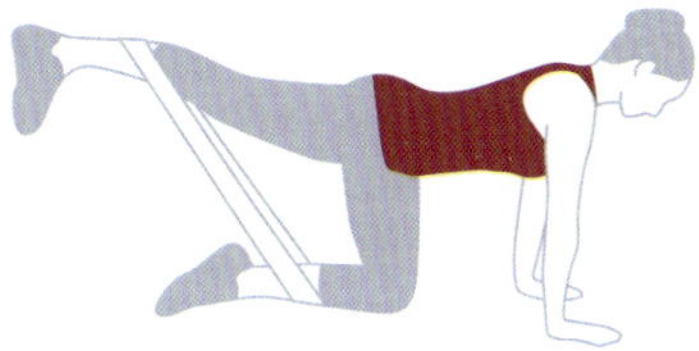

1 *En quadrupédie, un élastique autour des pieds. Tendez une jambe en arrière. 30 s de chaque côté*

PLANCHE INVERSÉE

1 *Restez gainé, le bassin en rétroversion.*

STRETCHING — 30 s par étirement

1 ***Stretch fessier assis***
Croisez une jambe sur l'autre et tirez le genou vers la poitrine. 30 s de chaque côté.

CIRCUIT DÉBUTANT

ENCHAÎNEMENT

DURÉE
30 s
par exercice

RÉPÉTITIONS
2 séries
au minimum

BODY SQUAT

DRAGON SQUAT

PAS LATÉRAUX

SIDE KICKS

MUSCLES SOLLICITÉS

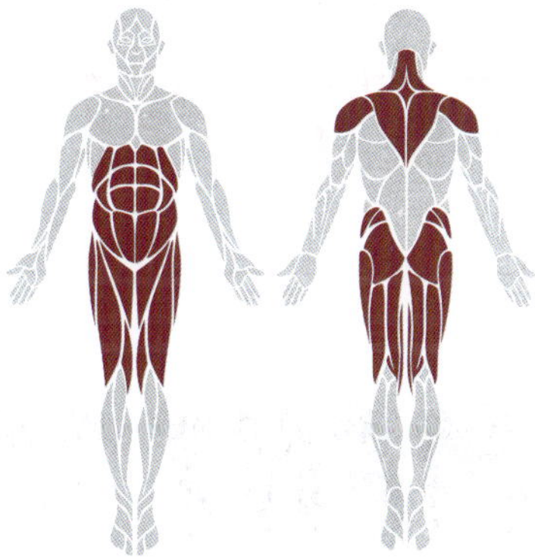

/ Trapèze
/ Quadriceps
/ Fessiers
/ Adducteurs
/ Abdos
/ Ischios
/ Deltoïde postérieur

TABLE

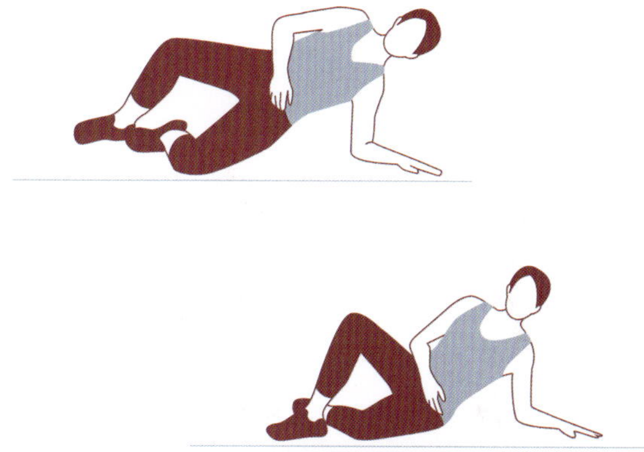

ASSISE OBLIQUE

CLAMSHELL

BAND BACK KICKS

CIRCUIT CONFIRMÉ

ENCHAÎNEMENT

DURÉE
30 s
par exercice

RÉPÉTITIONS
2 séries
au minimum

DEADLIFT UNE JAMBE

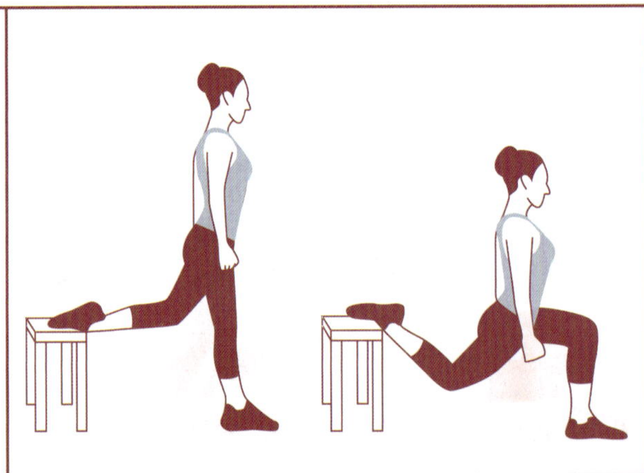

FENTES BULGARES

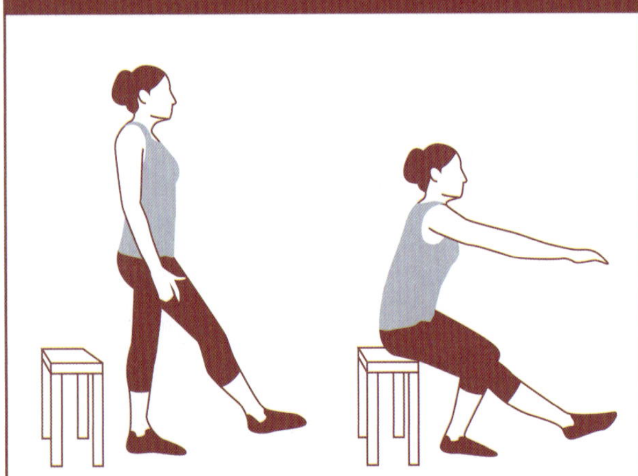

PISTOL

PRISONNER JUMPS

MUSCLES SOLLICITÉS

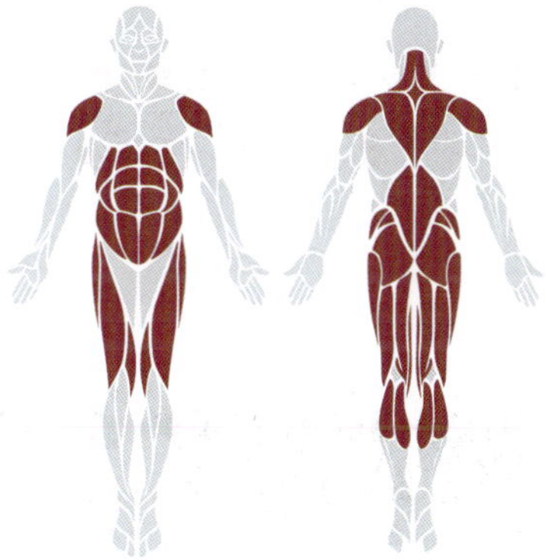

/ Fessiers
/ Érecteurs du rachis
/ Quadriceps
/ Ischios
/ Épaules
/ Abdos
/ Trapèze
/ Jumeaux (mollets)

BAND FIRE HYDRANT

PUSHUP JUMPS

BATTEMENT AVEC ÉLASTIQUE

EXTENSION DES HANCHES

CIRCUIT EXPERT

ENCHAÎNEMENT

DURÉE
30 s
par exercice

RÉPÉTITIONS
2 séries
au minimum

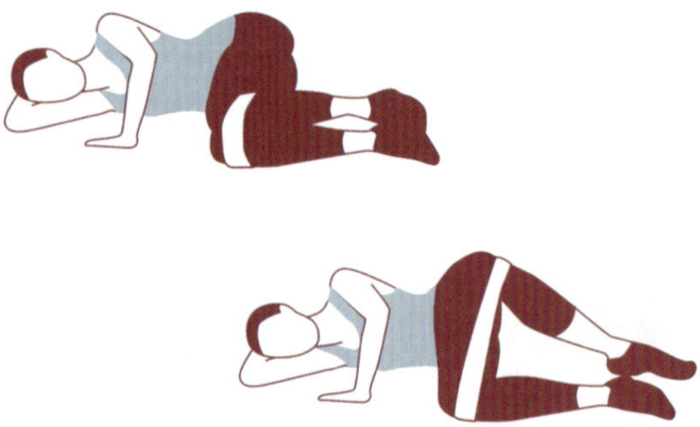

CLAMSHELL

BATTEMENTS LATÉRAUX

CROSS PISTOL ON A STEP

STEP SIDE JUMP

MUSCLES SOLLICITÉS

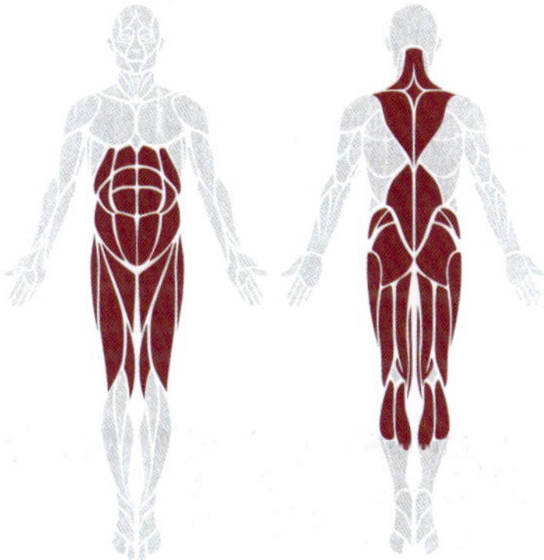

/ Adducteurs
/ Quadriceps
/ Ischios
/ Fessiers
/ Abdos
/ Lombaires
/ Trapèze
/ Jumeaux (mollets)

GRANDE EXTENSION DE HANCHE

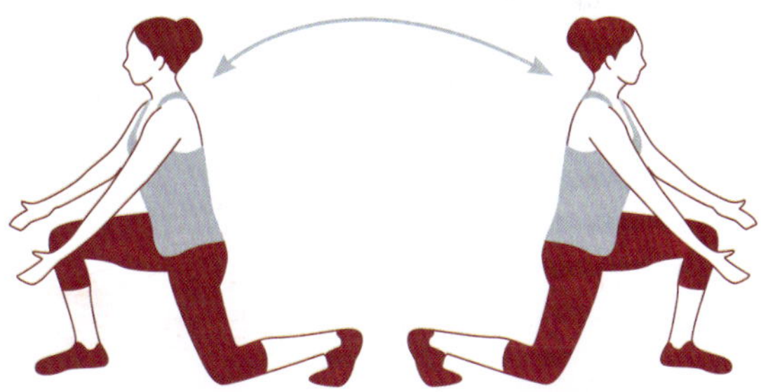

FENTE RAINBOW

CERCLE DE JAMBE EN GAINAGE LATÉRAL

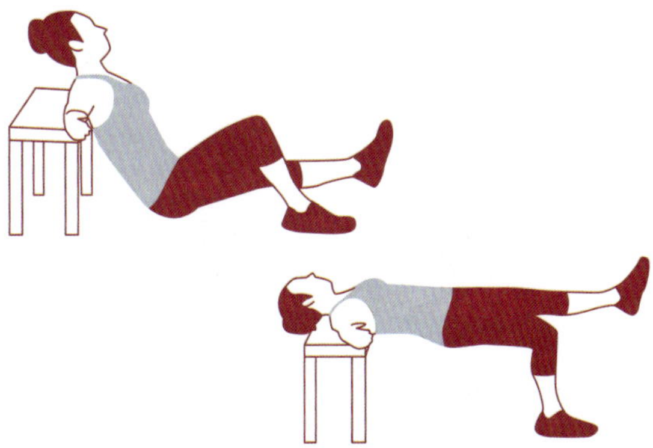

ONE LEG HIP THRUST

58, rue Jean Bleuzen - 92 178 VANVES CEDEX

DIRECTION HACHETTE PRATIQUE : Catherine Saunier-Talec
RESPONSABLE D'ÉDITION : Stéphane Rosa
ÉDITION : Laura Gélie-Mouliet
RESPONSABLE ARTISTIQUE : Nicolas Beaujouan
CONCEPTION GRAPHIQUE : Nicolas Gallois
TEXTES : Jean-Luc André
ILLUSTRATIONS : Les PAOistes
RÉALISATION INTÉRIEURE : Les PAOistes
CORRECTION : Margo Vitrac
FABRICATION : Cécile Alexandre
RESPONSABLE PARTENARIATS : Sophie Morier (smorier@hachette-livre.fr)

Dépôt légal : mars 2019
2209481/01
ISBN : 978-2-01-627755-3
Achevé d'imprimer en mars 2019 par Industria Grafica Cayfosa en Espagne

Pour l'éditeur, le principe est d'utiliser des papiers composés de fibres naturelles, renouvelables, recyclables et fabriqués à partir de bois issus de forêts qui adoptent un système d'aménagement durable. En outre, l'éditeur attend de ses fournisseurs de papier qu'ils s'inscrivent dans une démarche de certification environnementale reconnue.

PAPIER À BASE DE FIBRES CERTIFIÉES

hachette PRATIQUE s'engage pour l'environnement en réduisant l'empreinte carbone de ses livres. Celle de cet exemplaire est de :
661 g éq. CO_2
Rendez-vous sur www.hachette-durable.fr

Bisher sind in dieser Reihe u. a. erschienen:

- Selbst Elektroinstallationen ausführen
- Selbst Fliesen und Platten verlegen
- Selbst Gartenkamine und Grillplätze bauen
- Selbst Gartenteiche anlegen und pflegen
- Selbst malern, lackieren und tapezieren
- Selbst Parkett, Holz- und Laminatböden verlegen
- Selbst schweißen, schlossern und löten
- Selbst Solaranlagen installieren
- Selbst Terrassen und Sitzplätze bauen
- Selbst Wohnräume unterm Dach aus- und umbauen
- Selbst Öfen und Kamine bauen

Baierbrunner Straße 27, 81379 München

Text: Peter Himmelhuber
Chefredaktion: Dr. Matthias Feldbaum
Redaktion: Anja Fislage
Produktion: Frank Speicher
Abbildungen: Alle Abbildungen stammen vom Autor,
mit Ausnahme von: Stein + Design (S. 7, 9, 11, 29, 35),
Arbeitsgemeinschaft Pflasterklinker e.V. (S. 14, 33, 42)
Titelabbildungen: Peter Himmelhuber (oben), Stein + Design (unten)
Gestaltung: Ingeborg Blaschitz
Umschlaggestaltung: Hartmut Baier

ISBN 978-3-8174-5124-1
5651242/4

Auf einen Blick

Fachkunde
Vorgärten gestalten 4
Vorgärten in verschiedenen Lagen 5
Pflanzen für Sichtschutz und Dekoration 10
Carport oder Garage? 13
Mülltonnen kaschieren 16
Günstige Wegführung 18
Passende Einfriedungen 20

Materialkunde
Baustoffe für Bodenbeläge und Treppen 22
Ausgewählte Pflanzen für Vorgärten 23

Grundkurse
Pflastern und Platten legen 26
Gehölze pflanzen 28

Arbeitsanleitungen
Vorgarten mit Hochbeet und Rosenspalier 31
Rosenbogen für den Eingang 37
Eingang pflastern und bepflanzen 43
Pflegeleichtes Vorgartenbeet anlegen 49
Trittplatten im Vorgarten verlegen 57
Treppe bauen 61

Vorgärten gestalten

Das Haus schließt mit dem Vorgarten an die Straße an. Dieser meist kleine Gartenraum wird häufig von Bewohnern und Besuchern betreten und sollte je nach Lage und Verkehr entweder als geschlossene grüne **Schutzzone** oder als offener angenehmer Aufenthaltsort gestaltet werden.

Regeln beachten

Bei der Planung und Gestaltung jedes Gartenraumes sind Regeln zu beachten. So sollte man die Pflanzen, insbesondere Bäume und Sträucher, in Bezug auf die verfügbare Fläche wählen und so pflanzen, dass sie auch nach Jahren noch richtig stehen, ohne sich gegenseitig zu bedrängen.
Wichtig ist auch, nützliche und nötige **Gestaltungselemente** wie Wege und Stellplätze richtig in das Gelände einzufügen, sodass sie leicht erreichbar sind, ohne zu stören. Das gilt besonders bei der Anlage eines **Vorgartens**, der häufig in beengtem Rahmen gebaut werden muss, in dem aber viele Wege zusammenlaufen und viele nötige Elemente wie Briefkasten, Müllbox oder Fahrradständer untergebracht sind.

Mit den richtigen Gestaltungselementen und vor allem mit ausgewählten Pflanzen lassen sich auch kleine Vorgärten zweckmäßig und wohnlich gestalten. Den Siedlern in einer **verkehrsberuhigten Lage** stehen mehr Gestaltungsmöglichkeiten für den Gartenraum offen als den Anwohnern einer lärmenden Straße, die vor allem ihre Ruhe möchten.

Kugelahorn mit Bodendeckerrosen

Natürlich ist jeder Vorgarten in die Siedlung eingebunden, sodass **Baubestimmungen** und Normen wie die übliche Zaunhöhe oder der geforderte Grenzabstand einzuhalten sind.

Eingang mit Sommerblumen, Formschnittpflanzen und Zeder

Vorgärten in verschiedenen Lagen

Ein ruhig liegender, z. B. an eine **Spielstraße** angrenzender Vorgarten lässt sich offen und zugänglich gestalten, sodass Kinder einen großzügigen Freiraum bekommen.

Eine kleine Vorgartenfläche wirkt durch eine offene Gestaltung zur Straße hin großzügiger als ein schmaler Grundstücksstreifen mit hoher Einfriedung. Ein offener Vorgarten erleichtert auch den Kontakt zur Nachbarschaft.

Im offenen Vorgarten gedeihen niedrige Pflanzen, die den Blick zur Straße freigeben. Mit niedrigen und halbhohen Gehölz-, Stauden-, Gräser- und Kräuterarrangements ist es möglich, diesen Gartenraum während der ganzen Saison bunt zu gestalten.

Zudem kann ein schlankes Gehölz (z. B. Säulenhainbuche, Säulenzierkirsche) oder ein kleiner Kugelbaum (z. B. Kugelahorn, Kugelakazie) Schatten auf eine Sitzbank am Haus werfen.

Stauden brauchen Pflege, deshalb wird man sie im pflegeleichten Vorgarten durch immergrüne **Bodendecker** (z. B. Pachysandra, Lonicera nitida) ersetzen, die keinen unerwünschten Wildwuchs aufkommen lassen, sobald sie zugewachsen sind. Damit die grüne Pflanzendecke nicht zu eintönig wirkt, streut man **Zwiebelpflanzen** (z. B. Wildtulpen, Krokusse) und niedrige Blütensträucher (z. B. Seidelbast, Potentilla, Bartblume) ein, die sich vom Frühjahr bis zum Herbst mit der Blüte ablösen.

Während des Sommers beleben blühende **Topfpflanzen** die Szene. Sie werden genauso wie die Freilandpflanzen bei Beachtung der Lichtverhältnisse gewählt. Schattenverträgliche lassen sich auch auf einer Ost- oder Nordseite platzieren. »Sonnenhungrige« gedeihen ausschließlich im Süden oder im Westen.

Müllbox verstecken

Die Müllbox wird am besten in einer Ecke gebaut oder unter immergrünem Efeu versteckt. Für die Fahrräder steht ein unauffälliger Metallständer bereit.

Ein angemessener Holz- oder Metallbriefkasten wartet an der Straße auf die tägliche Post.

Blütenstauden vertragen Halbschatten an der Nordseite

Vorgarten teilweise offen

Wenn kleine Kinder zur Familie gehören, gibt die Einzäunung des Grundstücks eine gewisse Sicherheit. Innerhalb der Abgrenzung lässt sich das Treiben der Kleinen wenigstens zeitweise überwachen. Auf jeden Fall sind besonders gefährdete Kleinkinder vom Straßenverkehr abgeschirmt.

In diesem Sinne kann ein Vorgarten, der an eine Spielstraße angrenzt, zum Teil eingefriedet werden und gleichzeitig stellenweise offen bleiben, wo dies möglich ist. Die mit Rasen und Sträuchern begrünten Vorgartenflächen werden hinter einem Zaun verborgen, während der Eingang und die Einfahrt in das Grundstück frei zugänglich beziehungsweise ungehindert zu befahren sind.

Der eingezäunte Gartenbereich lässt sich durch eine Tür erreichen. Die offene Vorgartenfläche dient insbesondere als Stellfläche für die Fahrzeuge sowie als Arbeitsraum, etwa zum Vorbereiten von Bauteilen für die weitere Gartengestaltung und natürlich als Eingangsbereich zum Haus.

Während für die Pkw-Stellfläche aus Kostengründen ein einfaches **Betonsteinpflaster** genügt, erhält der Eingang ein ansehnliches Kleinsteinpflaster aus **Granit**. Zur Begrünung dieses Vorgarten-Typs wurde ein Kugelahorn eingesetzt, der mit immergrünen Gräsern und Blütenstauden unterpflanzt ist.

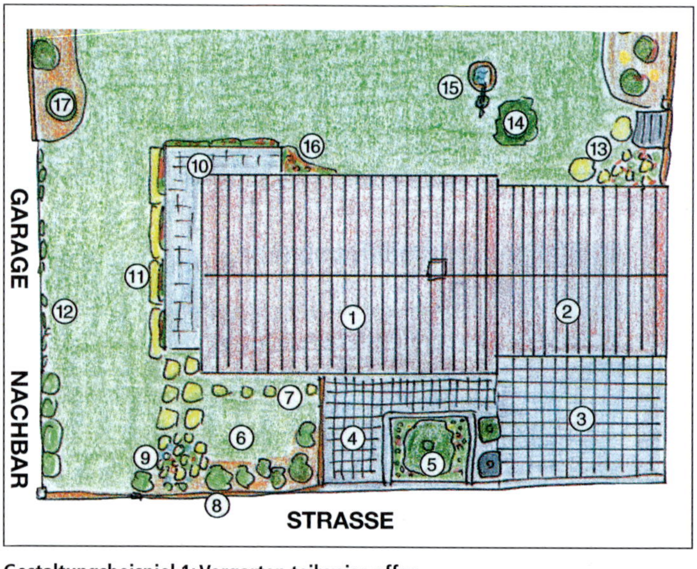

Gestaltungsbeispiel 1: Vorgarten teilweise offen

Gestaltungsbeispiel 1
Legende:

1 Wohnhaus
2 Garage
3 Einfahrt mit Betonpflaster (mit Abfalltonnen)
4 Eingang mit Granitpflaster
5 Kugelahorn mit Staudenunterpflanzung
6 Rasen im Vorgarten
7 Trittplatten im Rasen (Arbeitsanleitung S. 82ff.)
8 Holzzaun (Rancherzaun)
9 Kräuterschnecke (Arbeitsanleitung S. 90ff.)
10 Terrasse mit Balkonkästen
11 Trockenmauer
12 Kletterpflanzen an Nachbargarage
13 Steingarten mit Treppe und Trittplatten
14 Bambus als Sichtschutz
15 Brunnen mit Regenwasserzisterne und Holzfass
16 Rosenbeet
17 Obsthecke

Vorgarten mit Zaun

Der Schutz der Kinder hat bei der Vorgartengestaltung von Anliegern an einer Hauptstraße Vorrang. Er lässt sich nur mithilfe einer dichten Abgrenzung bewerkstelligen. Dazu dient im Bildbeispiel ein hoher **Metallzaun**, der auf einem Betonsockel befestigt wurde.
Die markante Einfriedung ist zugleich ein **Spalier** für Kletterpflanzen. Weinreben, Kiwis, Kletterrosen und Glyzinen finden an den Stahlstäben Halt. Sie lockern die sehr streng wirkende Konstruktion mit Blüten und Blättern auf.

Gestaltungsbeispiel 2
Legende:

1 Wohnhaus (hier Kellertreppe)
2 Garage
3 Terrasse mit Quarzitplatten
4 Holzterrasse
5 Balkon
6 Metallzaun mit Torbogen
7 Pflasterweg mit Rasenfugen
8 Rasen (Arbeitsanleitung S. 46ff.)
9 Kugelahorne
10 Sommerflieder
11 Strauchrose
12 Blütenhecke
13 Kletterpflanzen am Zaun mit Lavendel-Unterpflanzung
14 Clematis an Holzspalier mit Gräser-Unterpflanzung
15 Vorgartenbeet mit immergrünen Stauden, Farnen und Gräsern
16 Einfahrt mit Rasenpflaster aus Granit
17 Komposter

Pflanzengrün ziert den gepflasterten Hauseingang

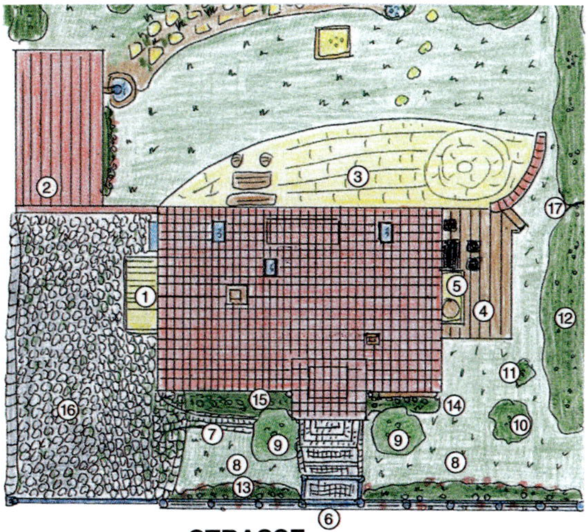

Gestaltungsbeispiel 2: Vorgarten mit Zaun

Die Bepflanzung aus Lavendel, Katzenminze, Bodendeckerrosen und Zwiebelblumen bildet einen pflegeleichten Übergang zur Rasenfläche.

Hinter der dichten Einfriedung bietet sich eine noch ausreichend große Fläche zum Spielen. Der kurz gehaltene Rasen gibt dem Vorgarten einen recht großzügigen Charakter. Zwei hübsche Kugelahorne stehen Spalier. Die

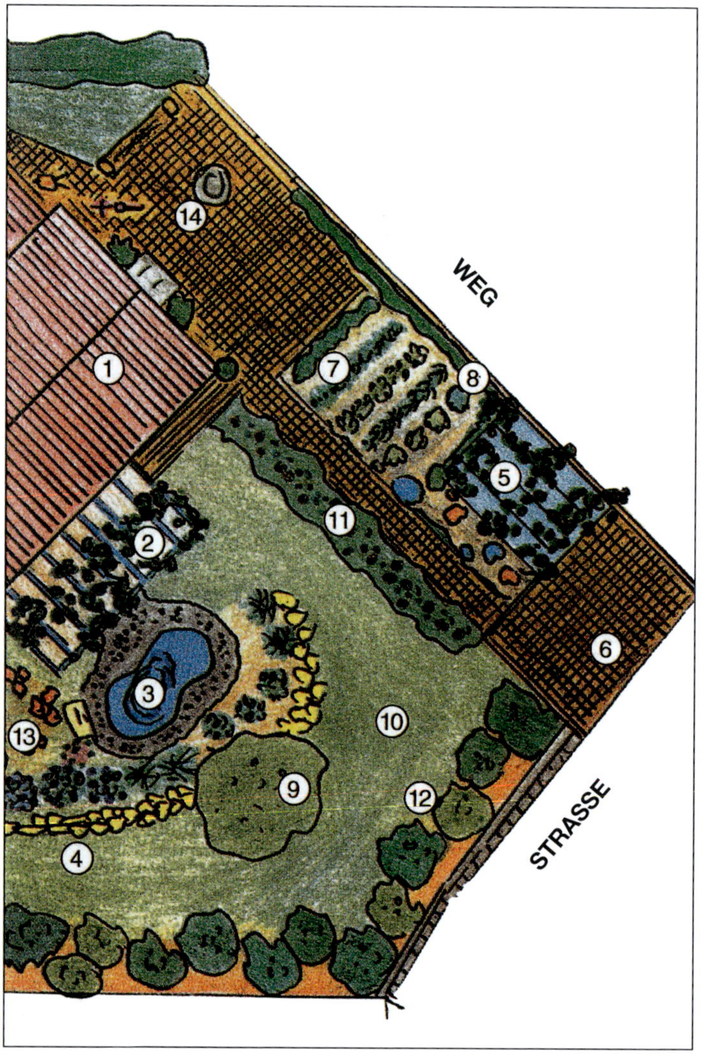

Gestaltungsbeispiel 3: Großer Vorgarten an der Südseite

kleinen Bäume haben langfristig genügend Raum zur Entwicklung ihrer Kronen.

Den Zugang machen attraktive **Pflasterwege** aus Granit möglich, die vom Rasenpflaster vor der Garage beziehungsweise von der Gartentüre aus direkt zum Haus führen.

Der graue Granitbelag wurde nachträglich mit bunten Keramikklötzchen aufgelockert. Direkt am Haus ist noch Platz für immergrüne Gräser und schattenverträgliche Stauden.

Großer Vorgarten an der Südseite

Meistens bildet der Vorgarten einen kleinen Korridor zwischen Haus und Straße an der Nordseite, zumal dem Wohngarten an der Südseite mehr Fläche zugeteilt wird. Gelegentlich bleibt bei der Planung aber eine große Fläche übrig, etwa wenn in einer Siedlung die Straße südseitig am Grundstück vorbei führt.

Dann lohnt es sich, diesen Gartenraum – abweichend vom üblichen Schema – großzügig zu gestalten. Wie das am effektivsten erfolgt, richtet sich nach der Lage, nach den Nutzungswünschen, nach der Zeit zur Pflege und verschiedenen weiteren Aspekten.

Gestaltungsbeispiel 3
Legende:

1 Wohnhaus
2 Weinlaube
3 Teich mit Kiesbeet
4 Trockenmauer
5 Pergola über Kfz-Platz
6 Autoabstellplatz
7 Gemüsegarten
8 Holzzaun
9 Hausbaum (Rosskastanie)
10 Rasen
11 Zwiebelblumenbeet
12 Wildstrauch- und Blütenhecke
13 Staudenbeet
14 Sitzplatz

PROFITIPP

Fahrräder sind als abgasfreie, geräuschlose und kostengünstige Fahrzeuge jedem Pkw vorzuziehen. Es lohnt sich, die Räder möglichst einsatzbereit und nahe am Haus unterzubringen, damit sie jederzeit zur Verfügung stehen. Ein trockener Unterstand hat oft im Vorgarten Platz.

Im Bildbeispiel wurde im großen Vorgarten neben einer **Pergola**, die eine Pkw-Stellfläche überragt, insbesondere ein pflegeleichtes, hübsches Beet aufgenommen, das den Zugang zum Haus begleitet. Hier gedeihen Buchsbäumchen, Bodendeckerrosen, Potentilla und Kräuter in gemischten Gruppen.

Felsenbirne im Vorgarten

Rosen brauchen vollsonnige Lage

Auf der gegenüberliegenden Wegstrecke wachsen und blühen Dahlien. Die asternähnlichen Korbblütengewächse werden jeweils im Frühjahr in den Boden gesteckt und wirken lange Zeit, bis in den Herbst hinein, attraktiv. Hinter den einfachen **Holzzaun** an der Straße wurde eine Hecke aus Blütensträuchern gepflanzt.

Pflanzen für Sichtschutz und Dekoration

Der Weg von der Straße zum Haus wird mehrmals täglich benutzt. Das ist Grund genug, den Vorgarten, durch den er führt, wirklich attraktiv zu gestalten.

Der Garten vor dem Haus ist zugunsten des Wohngartens oft klein bemessen. Zudem geht durch den Eingang und die **Garagenzufahrt** noch Platz verloren. Für die Bepflanzung bleibt dann nur wenig Fläche. Die **Pflanzenauswahl** und die Gestaltung erfordern deshalb besondere Sorgfalt, zumal der Vorgarten stets im Blickfeld liegt.
Die Anlage ist natürlich von der Lage und von der Einfriedung des Grundstücks abhängig. In der Regel liegt der Vorgarten an der Nordseite, weil der Wohngarten nach Süden ausgerichtet ist. Dann wirft das Wohnhaus zeitweise Schatten. Das schränkt die Pflanzenauswahl ein.

Kugelbäume bilden dichte Kronen

Allerdings sind einige Pflanzen für solch ein Klima besonders geeignet. Ein nord- oder ostseitiger Vorgarten ist beispielsweise ideal für **Immergrüne**, die ihn das ganze Jahr sehenswert machen. Aber auch für kleine Bäume (z. B. Kugelahorne) ist genügend Raum. Kletterpflanzen lassen sich am Zaun ansiedeln und Rasengräser kommen gut zurecht, wenn Sie eine spezielle Mischung aus schattenverträglichen Arten wählen.

Schmale Vorgärten bieten wenig Raum für üppige Einfriedungen. Wenn aus Gründen der Platzeinsparung ein Zaun den Vorrang vor einer **Hecke** erhält, ist die Wahl zwischen verschiedenen Zauntypen möglich.

Im Handel gibt es eine Reihe von Bausätzen aus Kunststoff, Holz oder Metall. Wer sich bei Metallarbeiten selbst helfen kann oder einen Profi kennt, ist mit diesem langlebigen und stabilen Baustoff bestens gerüstet. Eine rustikale Konstruktion lohnt sich langfristig, zumal sie keine Pflege braucht und für die nächste Zukunft eine sichere Grenze bildet.

Ein schwerer Metallzaun braucht einen massiven Sockel. Dieser kann mithilfe einer Schalung selbst aus frischem Beton geschaffen werden. Ebenso eignen sich Fertigteile, die sich in den Boden einsenken lassen. Solche Betonformteile werden auf Bestellung vom Baustoffhandel geliefert und in den vorbereiteten Graben gehoben. Sie ersparen die Trocknungszeit und machen sofort den weiteren Aufbau des Metallzaunes möglich.

An einer stark frequentierten Straße ist üppiges Grün empfehlenswert, das Sichtschutz gibt; so etwa ein hoher Grüngürtel aus dichten Sträuchern oder eine Hecke aus immergrünen Gehölzen.

Wenn ein tragfähiger Zaun vorhanden ist, bietet dieser eine ideale Wachstumsgrundlage für **Kletterpflanzen**. Eine bunte Mischung aus Kletterrosen, Weinreben, Efeu und anderen Arten bildet in einigen Jahren eine hohe, dichte Einfriedung, die wenig Raum wegnimmt. An der Basis finden Kräuter und Bodendeckerrosen ausreichend Platz zum Ausbreiten eines dichten Teppichs, der kaum Pflege braucht.

In der Regel ist eine maximale Zaunhöhe vorgeschrieben. Erkundigen Sie sich also vor der Eingrenzung beziehungsweise vor der Sichtschutzpflanzung beim **Ordnungsamt**.

Bei einer ortsüblichen Zaunhöhe von meist 125 cm bietet ein Wall aus Kletterpflanzen schon einen recht wirksamen Sichtschutz, zumal die Pflanzen über den Zaun hinweg ragen. Zwischen dem Zaun und dem Haus bleibt noch genügend Platz für einen kleinen Rasen.

Wenn keine Zaunhöhe vorgeschrieben ist, lässt sich der Vorgarten mit einer immergrünen Hecke aus säulenförmigen Pflanzen abschirmen; etwa mit Säulenthujen. Sie wachsen dicht zusammen und brauchen keinen Schnitt.

Der Vorgarten zwischen der Hecke und dem Haus kann dann – je nach Lage – mit Stauden und Zwiebelpflanzen bunt gestaltet werden. Bei sonniger Lage gruppiert man Rittersporne, Phlox, Sonnenhut, Taglilien, Schafgarben, Lilien und andere Stauden für sonnigen Stand. Im Halbschatten gedeihen besser Geißbart, Astilben, Lupinen, Funkien und Farne.

Die ausgewählten Stauden werden jeweils in Gruppen mit mehreren Einzelpflanzen gesetzt, und zwar so, dass die hohen Arten hinten und die niedrigen vorne stehen.

Rhododendren sind Immergrüne

So ein kleiner Staudengarten ist den ganzen Sommer hindurch sehenswert und wenn einige hohe Gräser wie etwa Pampasgräser, Chinaschilf und immergrüner Bambus (z. B. Phyllostachis) mit arrangiert werden, wirkt er auch im Winterhalbjahr nicht langweilig.

Gemeinsam mit der Hecke und den hohen Stauden gewähren auch die Ziergräser einen recht wirksamen Sichtschutz.

In einer ruhigen Wohnsiedlung kann der Vorgarten offen gestaltet werden. Vielleicht ist sogar eine Abgrenzung zur Straße unnötig oder es genügt ein leichter Zaun als optische Grenze.
In diesem Fall lässt sich der Vorgarten als Aufenthaltsort gestalten. Dann wird großzügig gepflastert, sodass eine Sitzgruppe oder wenigstens eine Sitzbank Platz hat. Ein **Hausbaum** spendet Schatten und macht den Vorgarten noch zusätzlich wohnlich.

Je nach verfügbarer Fläche darf es eine kleinkronige Veredelung sein

PROFITIPP

Die Mülltonne sollte im Vorgarten leicht zugänglich, aber gut versteckt sein. Am besten baut man dafür schon in die Grenzbefestigung einen Kasten mit ein, der dort kaum auffällt. Im Vorgarten geht dann kein Raum verloren. Dafür ist mehr Platz für einen Radständer, ein Regenwassersammelbecken, eine Sitzbank, eine schmucke Blumenschale und andere nützliche oder schöne Gestaltungselemente.

Sichtschutz für ein lauschiges Gartenplätzchen

Zäune lassen sich mit Sommerblumen kombinieren

(z. B. ein Kugelahorn) oder – wenn genügend Raum zur Entfaltung ist – sogar ein veredelter Nussbaum, ein hochstämmiger Apfelbaum oder ein anderes prächtiges Laubgehölz. Zur Unterpflanzung und für die Rabatten bieten sich Stauden und Gräser an oder auch verschiedene Nutzpflanzen.

Die Pflanzenauswahl ist natürlich auch hier von der Lage und vom Lichteinfall abhängig. Kletterpflanzen am Haus brauchen kaum Platz und tragen mit ihrem Blattwerk zur Begrünung bei. Kübelpflanzen lassen sich jederzeit dazu stellen und gegebenenfalls umplatzieren.

Ein Wasserbecken am Regenrohr sammelt wertvolles Gießwasser und bietet insbesondere an heißen Sommertagen einen Vorrat.
Rhododendren sind Moorbeetpflanzen. Das heißt sie brauchen sauren Humusboden. Wenn der Vorgarten nicht ganz schattig, sondern stellenweise sonnig liegt (z. B. bei einer Ostlage), bietet er sich für die Anlage eines **Heidegartens** an. Vorher ist jedoch ein Bodenaustausch nötig, denn auch das Heidekraut (Erica und Calluna) braucht sauren Boden.

Man kann das Moorbeetsubstrat selbst mischen, und zwar aus gehäckselten Zweigen, Nadelstreu und Laubhumus. Auf Torf ist aus ökologischen Gründen möglichst zu verzichten. Übrigens sind auch handelsübliche Moorbeetsubstrate vorwiegend Torfprodukte.

Neben verschiedenen Rhododendren, Eriken und Callunen in Sorten passen Ziergräser, Moorbirken, Säulenwacholder und andere typische Heidepflanzen in diese Anlage. Bei einer geschickten Sortenwahl blüht das ganze Jahr etwas im Heidegarten, zumal es eine Reihe verschiedener Sommer- und Winterheide-Sorten gibt.
Der Flor der Rhododendren dauert durch frühe und späte Sorten von März bis Juni.

Carport oder Garage?

Wo es möglich ist, wird die Garage bereits beim Hausbau berücksichtigt und zweckmäßig in das Gebäude oder das Grundstück integriert. Auch beim nachträglichen Bau ist ein günstiger Standort wichtig. Vor allem sollte wenig von der Gartenfläche verloren gehen.

Abseits der Straße unterbringen

Wenn man das Auto nicht braucht, steht es am besten betriebsbereit auf einer befestigten Fläche abseits der Straße, sodass der Verkehr nicht behindert wird.

Der Standort sollte nahe am Haus sein, denn kurze Wege erleichtern das Be- und Entladen und nehmen wenig von der Gartenfläche weg. Die Größe der Standfläche ist gesetzlich vorgeschrieben. Außerdem muss die Einfahrt übersichtlich sein. Erkundigen Sie sich vor der Befestigung eines Autostellplatzes bei der Baubehörde. Für den Bau einer Garage ist auf jeden Fall ein genehmigter Plan nötig.

PROFITIPP

Für jedes Wohngebäude ist eine bestimmte Anzahl an Autostellplätzen vorgeschrieben. Im Zuge einer Vorgartenrenovierung dürfen diese Stellplätze nicht in Gartengelände umgebaut oder anderweitig umfunktioniert werden. Die Anzahl ist aus dem Bauplan ersichtlich.

Eine Holzkonstruktion stört kaum

Offene Garage

Im Sommer kann das Auto im Freien stehen. Im Winter hat die Unterbringung unter Dach jedoch wesentliche Vorteile, weil der Motor leichter anspringt und die Scheiben eisfrei bleiben. Es lohnt sich deshalb durchaus, einen überdachten **Stellplatz** zu schaffen.

Allerdings braucht das Auto kein eigenes Haus. Gewöhnlich ist eine offene Garage sogar besser, weil die Luft zirkulieren und das Fahrzeug trocknen kann.

Allenfalls muss die Wetterseite etwa mit Holz oder Glas geschützt werden. Die Garage sollte jedenfalls mehrfach nutzbar sein.

Integrierte Werkstatt

Eine helle Garage bietet sich auch als Ort zum Feiern oder für andere Gelegenheiten an. Eventuell kann sogar eine Werkstatt oder ein Arbeitsraum zum Gärtnern einschließlich eines Gerätemagazins eingerichtet werden.

Der Aufwand für die nötigen Fenster, für eine Heizung und andere Einrichtungen ist im Verhältnis zur Gesamtinvestition recht gering.

Auch wenn Sie zunächst nur eine Stellfläche anlegen und vielleicht erst später eine Garage bauen wollen, sind einige **Baurichtlinien** zu beachten. Ein Stellplatz für ein Auto muss mindestens 5 m lang und etwa 2,30–2,50 m breit sein. Ein fester belastbarer Belag ist empfehlenswert, damit die Zufahrt jederzeit möglich und die Wohnung beziehungsweise das Haus sicher erreichbar ist. Er kann aus verdichtetem Schotter, Natursteinplatten oder anderen Materialien geschaffen sein.

Dach zwischen Garage und Haus

Eventuell genügen auch zwei Fahrstreifen aus Platten, Gittersteinen oder Eisenbahnschwellen, die an einen Weg zum Haus anschließen. Versiegeln sollten Sie den Stellplatz aber nicht, denn dadurch geht wertvolle Sickerfläche verloren.

Carport

Ein »Hafen für das Auto«, ein so genannter Carport, ist im Prinzip nur ein überdachter Stellplatz. Er kann aus Holz oder Metall gebaut werden und gleicht einer massiven Pergola. Der Aufbau muss tief gründen, das heißt für die Träger ist ein frostsicheres **Fundament** mit etwa 80–90 cm Tiefe nötig.

Je nach Bauart werden Punktfundamente für jeden einzelnen Träger oder Streifenfundamente rund um die gesamte Fläche angelegt. Dazu müssen Sie zunächst die Erde auskoffern, nachdem die Fläche vermessen ist. Die Fundamente werden aus Beton geschaffen.

Bevor der Beton härtet, senkt man **Pfostenanker** (verzinkte Metallträger) ein, auf denen die Holzkonstruktion gebaut wird. Die Träger für eine Metallkonstruktion werden direkt einbetoniert.

Das fertige Gerüst kann man etwa mit Glas, Acrylglas oder Brettern und Dachpappe eindecken. Je nach Art des Materials ist dazu ein entsprechender Dachaufbau nötig. Auch der **Bodenbelag** kann aus verschiedenen Materialien geschaffen werden.

Für einen Carport spricht der einfache Aufbau und die unauffällige Konstruktion. Er lässt sich im Übrigen mit Kletterpflanzen harmonisch in den Garten einbinden. Der Handel bietet verschiedene Fertigbauten an, die sich recht einfach aufstellen lassen.

Vielseitig nutzbarer Carport: Autostellplatz und Sportvergnügen

Geschlossene Garage

Der Bau einer Garage lohnt sich, wenn das Gebäude mehrfach genutzt und ein Lagerraum, eine

SICHERHEITSTIPP

Bei einer steilen Einfahrt ist ein rauer, griffiger Belag (z. B. Verbundpflaster mit rauer Oberfläche) sehr zu empfehlen, der den Rädern auch bei Nässe Halt gibt. Ein Holz- oder Kopfsteinpflaster ist hier ungeeignet.

Werkstatt, eine Arbeitsgrube für die Autowartung und dergleichen eingeplant wird. Für den Holz-, Ziegel- oder Betonbau ist ein Plan nötig. Den Aufbau sollte ein Fachmann ausführen.

Es gibt auch kastenförmige **Fertiggaragen** aus Beton, die mit einem Kranwagen geliefert und aufgestellt werden. Diese Industrieprodukte sind recht praktisch, aber nicht sehr schön und sollten auf jeden Fall mit Kletterpflanzen begrünt werden. Je nach Standort ist eine Dachbegrünung möglich.

Zufahrt

Die Zufahrt zur Garage darf nicht zu steil sein und muss gut befestigt werden. Der Belag (z. B. Klinker, Natursteinplatten, Betonsteine) wird auf einem tragfähigen Unterbau verlegt (ca. 15–20 cm Kies oder Schotter, der z. B. mit einer Rüttelplatte verdichtet wurde). Wenn die Zufahrt ein Gefälle zur Garage hat, muss vor dem Tor eine Drainagerinne geschaffen werden, damit das Regenwasser ablaufen kann.

Carport-Kosten

Bausatz Doppelcarport mit 9 x 9 cm starken Pfosten, kesseldruckimprägniertes Nadelholz, Holzschalung mit Dachpappe, 75 kg Schneelast pro qm, komplett mit Befestigungselementen	817 €
Pfostenanker (6 Stück)	70 €
Dichtzaun (Sichtschutzwand), 2 Elemente mit 180 x 180 cm (à 140 €)	280 €
Lohnkosten für Aufbau (pauschal) (2 Personen à 10 Stunden, inkl. Dachpappe versiegeln)	500 €
Gesamt:	**1667 €**

Achten Sie darauf, dass die Zufahrt übersichtlich bleibt, und pflanzen Sie keine stark wüchsigen Sträucher, die den Blick auf die Straße behindern. Am besten wird die Einfahrt nur mit niedrigen Stauden, Zwiebelpflanzen und Sommerblumen und vielleicht mit säulenförmigen oder hochstämmigen Gehölzen begrünt.

Das Tor zur Einfahrt muss mindestens eine Breite von 2,25–3,00 m (je nach Fahrzeug-Typ) haben, damit das Rangieren keine Schwierigkeiten macht.

Carport als rustikale Eigenkonstruktion

Mülltonnen kaschieren

Zum Garten gehören neben vielen dekorativen Gestaltungselementen auch weniger sehenswerte Notwendigkeiten. Unverzichtbar sind Behälter, die für Restmüll, Altpapier oder Kompost bereitstehen.

Die Kunst der Gartengestaltung besteht oftmals darin, mit wenigen Mitteln auf kleinen Flächen noch wohnliche und sehenswerte Anlagen zu schaffen. Probleme macht dabei nicht nur die richtige Pflanzenwahl und Platzierung, sondern auch die Unterbringung von nötigen Gerätschaften und Utensilien, die stets gebraucht werden.

Abfallbehälter

Dazu zählen neben Fahrradständer, Wäschespinne und Geräteschuppen insbesondere auch Abfallsammelbehälter, die täglich gebraucht werden. Erschwerend kommt hinzu, dass solche Elemente jederzeit gut erreichbar sein müssen. Sonst macht die Entsorgung der Abfälle und Wertstoffe unnötige Mühe oder sie landen an den falschen Plätzen.

Mülltrennung

Grundsätzlich ist schon bei der Einrichtung solcher Sammelstellen auf eine gute Kennzeichnung und Trennung zu achten, damit der **Komposter** nicht zum Müllbehälter verkommt oder Kunststoffe und Papier nicht in der Restmülltonne enden. Wichtig ist außerdem, dass die Behälter richtig bemessen sind. Zu kleine Tonnen quellen sonst leicht über, zu große Tonnen verursachen dagegen unnötig hohe Abfallgebühren.

Damit die Entsorgung keine unnötigen Umstände bereitet und leere Dosen, alte Zeitungen, wiederverwertbare Flaschen und alle übrigen Abfälle unverzüglich auf ihren Platz gelangen, sollten die Sammelstellen gut zugänglich nahe am Haus platziert sein. Das

Holzspalier mit weißer Glyzine

erleichtert natürlich auch die Abfuhr zum Recyclinghof oder das Bereitstellen der Tonnen für die Müllabfuhr.

Stellplätze

Dennoch sollten die praktischen, aber hässlichen Plastiktonnen nicht stören. Falls vorhanden erspart eine Unterbringung in einer Garage oder einem anderen luftigen Nebengebäude den ständigen Anblick. Gut verstecken lassen sich die Tonnen auch in speziellen Kästen aus Beton, die zum Beispiel am Eingang bereitstehen.

Allerdings sind diese Betonformteile auch keine Augenweide. Sie können selbst eine Kaschierung gebrauchen. Zur Begrünung eignen sich **Kletterpflanzen**, die vom Garten aus über die Betoncontainer wachsen. Das sollten vorzugsweise immergrüne Arten sein, damit sie auch im Winter einen Sichtschutz geben.

Eine buntere Gestaltung ist mit Sommerblumen möglich, die in Kübeln oder Kästen auf die Müllcontainer gestellt werden. Vitale Arten mit überhängendem Wuchs, wie Hängepelargonien, Petunien und Zierweihrauch lassen die Waschbetonwände während des Sommers unter Blüten und Blättern verschwinden.

Im Winterhalbjahr ist die Bepflanzung mit immergrünen Laubgehölzen möglich. Als völlig frosthart und genügsam haben sich Felsenmispeln bewährt. Diese kleinblättrigen Bodendecker kommen ganzjährig in Pflanzgefäßen zurecht.

Gut versteckt sind die Müllbehälter statt in Betonkästen auch in eigenen Konstruktionen. Das können passend gefertigte **Holzkästen** oder Verkleidungen aus **Weidenflechtwerk** sein. Die Weidenruten müssen aber schon im Winter geschnitten werden.

Holzverkleidungen sind jederzeit das ganze Jahr hindurch machbar. Dazu können Dachlatten dienen, die als Meterware vom Sägewerk zu bekommen sind.

Die rauen Latten lassen sich nach dem Zuschneiden mit Schrauben zu einem festen, aber luftigen Unterstand zusammenfügen. Das kann genau nach Maß für die vorhandenen Abfalltonnen geschehen. Eine Skizze erleichtert die Planung und den Bau einer solchen Abfallsammelstelle.

Falls die Holzkonstruktion nicht naturbelassen bleiben soll, müssen die Latten vor dem Zusammenbau gehobelt werden. Dann ist auch ein Anstrich mit farbigen **Lasuren** oder Lacken möglich. Es lohnt sich, in einem solchen Holzbehälter einige Fächer mehr als benötigt einzuplanen. Dann sind auch Kapazitäten für Sondermüll oder andere unerwartete Abfälle vorhanden.

Luftiger Holzschuppen

Leichte Holzspaliere mit Clematis

Türen machen die Sammelstelle zugänglich und schließen sie sicher ab. Der Holzkasten kann als **Raumteiler** oder als Grenzbefestigung geschaffen werden. Solche Baulichkeiten sind in der Regel genehmigungsfrei.

Günstige Wegführung

Brücke und Rasenpflaster

Betonpflaster mit Granitstreifen

Viele Wege führen zum Ziel. Das gilt konkret auch in eigenen Gefilden. Damit die Hof- und Gartenwege sicher und angenehm durch den Vorgarten führen, sollten sie je nach Art gezielt angelegt und richtig gestaltet sein.

Hauptwege

Die Hauptwege am Haus können anders gestaltet werden als die Nebenwege durch den Garten. Hauptwege sind am besten kurze und breite Wege mit festem Belag. Sie verbinden zwei Punkte – etwa Gartentor und Haustüre – geradlinig.

Die Art der Gestaltung richtet sich nach dem Ambiente des Gebäudes und des Vorgartens. Meist sind ausgewählte Baustoffe aber gut kombinierbar. Unterschiedliche **Pflastersteine** und Platten lassen sogar die Gestaltung von geometrischen Figuren im Pflaster zu.

Bei **Holzbelägen** ist Vorsicht geboten. Sie sind zwar anfangs durchaus trittfest und sehen auch schön und natürlich aus. Doch leider ist ihre Haltbarkeit sehr begrenzt. Besonders bei Bodenberührung verrottet Holz ziemlich schnell. Selbst imprägnierte Bohlen halten nur wenige Jahre, insbesondere am Eingang.

Nebenwege

Während Hauptwege in der Regel kurz und gerade sein sollten, dürfen Nebenwege gerne durch den Vorgarten schweifen, insbesondere, wenn sie zu weniger häufig genutzten Plätzen führen.

Sie dienen dann nicht als Verbindungswege zweier bestimmter Stellen, sondern als Zubringer etwa zu einer Sitzbank am Haus oder zu einer **Kräuterschnecke** im Vorgarten, wo frisches Schnittgrün wächst.

Solche Pfade dürfen leicht gebaut sein. Wuchtige Wege würden hier nur stören. Nebenwege brauchen auch keinen besonders tragfähigen Unterbau, sondern müssen nichts weiter als den Schritten der Bewohner standhalten und bei Gelegenheit das Rad der Schubkarre rollen lassen.

Diese Nebenwege brauchen keine Planung. Meist entstehen sie von selbst, etwa wenn in einer Gartenecke ein Komposter aufgestellt wird oder Mitbewohner eine Abkürzung zum Fahrradschuppen nehmen. Einfache Gartenwege, die nicht unbedingt befahrbar sein müssen, lassen sich auch ohne Schotter-Unterbau auf eine dünne Sandschicht oder direkt in den Gartenboden legen.

PROFITIPP

Heimwerker sollten solche Arbeiten, die sie nicht beherrschen besser den Fachkräften überlassen. Insbesondere Arbeiten, die spezielle Kenntnisse und Fertigkeiten erfordern, sollten nicht in Eigenregie durchgeführt werden. Dennoch ist eine Mitarbeit in Form von Vorbereitungen oder als Handlanger stets möglich.

Geradlinige Wegführung zum Haus

Pflaster und Platten

Pflaster- und Plattenbeläge sollten natürlich gleichermaßen belastbar und ausdauernd sein wie Beton- oder Teerdecken. Deshalb müssen sie – wie andere Gestaltungselemente auch – systematisch gebaut werden. Die Basis ist auf jeden Fall ein tragfähiger **Unterbau**.

Ein solcher Unterbau erfordert – sobald Verlauf und Lage festgelegt sind – zunächst das Auskoffern des losen lockeren Mutterbodens bis zu einer »gewachsenen« Schicht aus Lehm, Kalkstein oder Sand, je nach Bodenbeschaffenheit.

Bei aufgefülltem Gelände muss der Unterboden nach dem Abtragen der Humusschicht verdichtet werden. Auf den tragfähigen Untergrund kommt eine etwa 10–20 cm dicke Schotterschicht. Sie gibt dem weiteren Aufbau festen Halt und ist dennoch durchlässig.

Damit sich die Schottersteine gut verkeilen, müssen sie gerüttelt werden. Das geschieht am besten mit einer **Rüttelplatte**, die gegen eine geringe Leihgebühr bei einer Baufirma oder bei einem Baustoffhändler erhältlich ist, der auch den Schotter, den Sand und eventuell den Belag liefert.

Die Materialmenge muss vorher anhand einer Skizze oder entsprechend der fertig ausgekofferten Fläche berechnet werden. Ein Lagerplatz sollte möglichst nah an der Baustelle vorbereitet sein.

PROFITIPP

Bei der Planung und Anlage von Wegen sind Trampelpfade sehr nützlich, die während des Jahres entstehen. Es sind die kürzesten Verbindungen durch den Garten etwa von der Haustüre zum Gartentor. Diese Pfade bieten sich bestens für Wege an, weil sie anders als manche »Reißbrettwege« mit Sicherheit benutzt werden.

Passende Einfriedungen

Hecken

Wildstrauchhecken, Blütenhecken und dergleichen brauchen wenig Pflege, aber reichlich Raum zum Ausbreiten. Sie sind dicht und abwechslungsreich, wenn man verschiedene Arten richtig arrangiert.

Formschnitthecken etwa aus Berberitzen, Liguster oder Scheinzypressen lassen sich schmal wie Mauern halten. Sie müssen jedoch mindestens einmal jährlich geschnitten werden – ausgenommen streng säulenförmige Pflanzen wie beispielsweise Säulenthujen.

Sowohl **Wildstrauchhecken** als auch Formschnitthecken sind aus ökologischer Sicht wertvoller als Mauern oder Zäune. Sie bieten Vögeln und Insekten Schutz, Nistplätze und Futter. Zudem dienen sie als Windschutz und verbessern das Kleinklima im Garten. Gut gepflegte Hecken können außerdem sehr alt werden, jedenfalls älter als beispielsweise Holzzäune, je nach Art der Gehölze.

Die Wahl der Heckenart ist vom Standort abhängig. Es gibt ein umfangreiches Sortiment verschiedenster Gehölze, die sich für frei wachsende oder streng geschnittene Hecken empfehlen. Jedes Gartencenter hat ein Sortiment auf Vorrat.

Kombinieren

Natürlich lassen sich verschiedene Einfriedungsarten rund ums Grundstück verbinden oder auch miteinander kombinieren. So passt etwa als Windschutz an die Nordseite eine dichte Hecke, während zur Straße eine Mauer abschirmt, aber angrenzende unbebaute Flächen lediglich mit einem leichten Zaun optisch abgetrennt werden.

Verschiedene Eingrenzungen bieten sich auch innerhalb des Gartens zur natürlichen Raumauf-

Blütensträucher schirmen ab

teilung an; so kann etwa eine kleine Beerenobsthecke zur Abschirmung des Gemüsegartens dienen oder eine kniehohe Buchsbaumhecke zur Einrahmung der Kräuterbeete.

Ebenso lassen sich aber auch zwei oder mehrere Einfassungsarten nebeneinander kombinieren. Ein Drahtzaun wird z. B. durch Kletterpflanzen bunter und durch eine beigepflanzte Hecke dicht.

Es gibt zwei Heckentypen: Formschnitthecken und Strauchhecken mit lockerem Wuchs. Lockere Hecken aus Blütensträuchern, Fruchtsträuchern oder anderen Gehölzen wachsen recht naturnah und eigenwillig auf. Formschnitthecken werden von Anfang an streng erzogen.

Das beginnt bei der **Pflanzung**, bei der drei bis vier Gehölze pro Meter in eine Reihe kommen. Nach dem Anwachsen braucht die junge Hecke mindestens einen Schnitt im Jahr. Die beste Zeit dazu ist im Sommer, etwa Ende Juni, sobald sie den Hauptzuwachs vollendet hat. Danach wächst sie weniger stark und bleibt weitestgehend in dieser Form. Hainbuchen, Buchen und andere stark wachsende Arten können eventuell im Spätsommer noch einmal getrimmt werden.

Welche Heckenpflanzen?

Die Entscheidung für eine bestimmte Heckenart richtet sich unter anderem vor allem nach der vorhandenen Fläche sowie nach der Zeit für die Pflege. Natürlich dürfen stark wüchsige Heckenpflanzen wie Buchen oder Hainbuchen nicht vernachlässigt werden.

Diese Waldbäume treiben sonst stark durch und wachsen zu mächtigen Gehölzen heran, wenn sie keinen Schnitt bekommen.

Dagegen bleiben Buchsbäumchen oder Zwergberberitzen von Natur aus kompakt. Sie wachsen allerdings auch ziemlich langsam und brauchen viele Jahre, bis sie dichte Pflanzstreifen bilden. Recht häufig kommen deshalb Liguster als Heckenpflanzen zum Einsatz. Diese heimischen Sträucher wachsen nämlich recht zügig auf und lassen sich dennoch recht einfach in Form halten.

Ligusterhecken sind schnittverträglich

Pflanzung

Grundsätzlich brauchen alle Heckenpflanzen einen tiefgründigen Boden. Immerhin stehen sie unnatürlich dicht. Falls nötig muss der Boden gelockert und mit guter Gartenerde oder auch **Kompost** verbessert werden. Das fördert das Anwachsen und kommt der weiteren Entwicklung sehr zugute.

Jungpflanzen mit losen Wurzeln brauchen einen Pflanzschnitt. Das erleichtert das Anwachsen. Ballenpflanzen oder Gehölze mit Topfballen wachsen auch ohne einen Rückschnitt zügig an. Alle Typen müssen auf jeden Fall nach der Pflanzung tüchtig mit Wasser eingeschlämmt werden. Bei Trockenheit ist eine Bewässerung auch während der Anwachsphase nötig.

Feuerdornhecke mit Früchten

Baustoffe für Bodenbeläge und Treppen

Ein Schwerpunkt bei der Gartengestaltung ist der Wegebau und die Befestigung von Plätzen. Auch hier sind Industrieprodukte nützlich. Der Baustoffhandel bietet dazu ein Sortiment an **Pflasterklinkern** und **Gehsteigplatten** in verschiedenen Formen und Farben.

Am besten eignen sich einfache »zeitlose« Produkte, die im Gegensatz zu moderner Ware, die oft nach kurzer Zeit schon unansehnlich wird (z. B. Waschbetonplatten), auch nach Jahren noch zum Garten passen.

Für die Gartengestaltung nimmt man nur frostsichere **Ziegel**, die bei besonders hohen Temperaturen gebrannt sind. Herkömmliche Ziegel verwittern mit der Zeit.

Preise für Terrassen- und Wegebeläge pro m² (Auswahl)

Klinker (Normmaß)	30 €
Granitsteine (8 cm x 11 cm)	40 €
Porphyr (Würfelform, 8 cm x 11 cm)	50 €
Betonstein (H-Form)	16 €
Betonplatten (Gehwegplatten 50 cm x 50 cm)	16 €
Betonplatten (glatt, rosa gefärbt 40 cm x 40 cm)	40 €
Waschbetonplatten (40 cm x 40 cm)	20 €
Quarzitplatten (Bildbeispiel)	50 €
Kalkbruchplatten	35 €
Porphyrplatten (Bruchsteine)	16 €

Die Preise richten sich nach der Abnahmemenge.
Die Angaben pro Tonne entsprechen etwa 5 m² (z. B. 1 Tonne Granitsteine zum Preis von 180 € entspricht 5 m² Pflasterfläche pro 36 €).

Hinzu kommen Anfahrtkosten, Krankosten für das Abladen und evtl. die Mehrwertsteuer. Die Kosten für das Verlegen sind vom Material abhängig, je nach Unterbau und Bearbeitungsfähigkeit der Pflastersteine oder Platten.

Pflastersteine in vielen Farben

Kleinsteinpflaster aus Granit

Ausgewählte Pflanzen für Vorgärten

Je kleiner eine Gartenfläche ist, umso schwieriger ist die Pflanzenauswahl. Das gilt besonders für den Vorgarten, der noch dazu meist an der schattigen Nord- oder Ostseite liegt. Die **Pflanzenauswahl** hängt vom Jahresdurchschnittsklima in der Region (z. B. raue Mittelgebirgsgegend, milde Tallage) und vom Kleinklima im Vorgarten ab (z. B. Südhanglage, Innenhofatmosphäre durch Gartenmauer).

In jedem Fall können Sie bei der Pflanzenauswahl für einen kleinen Vorgarten alle möglichen **Kleingehölze** sowie Säulen- und Kugelbäume einbeziehen, die in regionalen Gartenmärkten angeboten werden. Zur Unterpflanzung bieten sich viele Staudenarten an.

Sie können sich auch auf wenige Gehölze beschränken und den Vorgarten hauptsächlich mit Stauden und Gräsern gestalten. Dann sollten Sie aber einige **Immergrüne** (z. B. Nadelgehölze, Rhododendren) einplanen, die im Winter sehr gut wirken, wenn die Stauden ruhen.

In Vorgärten sollten Sommerblumen nicht fehlen, denn diese Dauerblüher lockern in Beeten, Schalen oder Ampeln sowohl kleine als auch große Gartenräume auf. In schattigen Vorgärten gedeihen Begonien, Fuchsien oder Fleißige Lieschen. In sonnigen Lagen blühen Petunien, Pelargonien und viele andere Sommerblüher auf.

Kugelakazien bilden kleine Kronen

Kleinkronige Bäume

Von einigen sonst großkronigen Laubbäumen sind auch kleinkro-

Oleander bereichert den Vorgarten als Kübelpflanze

Säulenhainbuchen wachsen schlank

Säulenzierkirschen mit Blüten

nige Züchtungen zu bekommen. Solche Kultivare eignen sich vorzugsweise für kleine Vorgartenräume, zumal sie auf Lebenszeit kompakt bleiben.

Wo eine Wildform genug Raum zur Kronenentfaltung hat, sind die kleinkronigen Züchtungen fehl am Platz. Wo aber ein Spitzahorn, eine Bergulme oder eine Esche zu mächtig würde, steht ein Kugelahorn, eine Goldulme oder eine Hängeesche durchaus richtig.

In kleinen Innenhöfen oder engen Vorgärten sind sie beispielsweise willkommene Alternativen zu den mächtigen Wildformen. Diese stören hier unter Umständen oder sie verursachen sogar Gebäudeschäden, zumal sie durch den Rückschnitt auf Dauer nur mühsam klein zu halten sind.

Zu den kleinkronigen Bäumen zählen die Säulenzierkirschen (Prunus serrulata 'Amanogawa'), der Kugelahorn (Acer platanoides 'Globosum'), die Kugelakazie (Robinia pseudoacacia 'Umbraculifera'), die Säulenhainbuche (Carpinus betulus 'Fastigiata'), die Säuleneiche (Quercus robur 'Fastigiatà'), der Zwergtrompetenbaum (Catalpa bignonioides 'Nana') und die Goldulme (Ulmus carpinifolia 'Wredei').

Als kleine Bäumchen eignen sich aber auch von Natur aus strauchförmig wachsende Gehölze, die als Stämmchen gezogen werden, und zwar insbesondere Flieder (Syringa), Holunder (Sambucus), Felsenbirne (Amelanchier), Liguster (Ligustrum) und Kornelkirsche (Cornus mas).

Kleinkronige Bäume sind also durchaus empfehlenswert. Es kommt nur darauf an, dass sie richtig ausgewählt und auch platziert werden.

Kletterpflanzen

Kletterrosen sind typische **Spreizklimmer.** Sie halten sich nicht mit speziellen Haftorganen an der Kletterhilfe fest, sondern bleiben mit ihren stacheligen Trieben zwischen den Streben hängen.
Sie können also keine Wände erklimmen oder nur mithilfe von entsprechenden Spalieren. Dazu bieten sich sperrige Gerüste aus

Holz oder Metall an, die den langen Rosentrieben den nötigen Halt geben. Die Triebe verholzen mit den Jahren und werden stabil.

Auch der Winterjasmin (Jasminum nudiflorum) ist ein typischer Spreizklimmer. Er kann gut mit einer Kletterrose kombiniert werden. Dann gibt es an den Spalieren im Sommer und im Winter Blüten.

Echte **Ranker** wie der Wilde Wein (Parthenocissus quinqefolia), der echte Wein (Vitis vinifera), Waldreben (Clematis) oder Kürbisse können sich gut mit ihren dünnen Sproßranken am Metallgestänge oder an Schnüren festhalten.

Ebenso kommen **Schlinger** wie z. B. die Glyzine (Wisteria), die Pfeifenwinde (Aristolochia), das Geißblatt (Lonicera) oder auch Bohnen leicht an entsprechenden Stäben oder Spanndrähten hoch. Sie umwinden die Kletterhilfe und schlängeln sich so nach oben. Schlinger sind auch für Pergolabalken oder hohe Zaunpfosten sehr gut geeignet.

Selbstklimmer wie etwa der Selbstklimmerwein (Parthenocissus tricuspidata) oder der Efeu sind eher für die Wandbegrünung geschaffen, zumal sie Haftwurzeln und meterlange Triebe entwickeln.

Dennoch lassen sich auch solche Kletterpflanzen an Zäunen oder Spalieren ziehen. Sie dienen dort ebenfalls der Begrünung.

Mehrjährige Arten
Ranker
Scheinrebe (Ampelopsis aconitifolia)
Waldrebe (Clematis-Wildarten und Hybriden)
Wilder Wein (Parthenocissus quinquefolia)
Weinrebe (Vitis vinifera)

Schlinger
Kiwi (Actinidia chinensis)
Strahlengriffel (Actinidia arguta)
Akebie (Akebia quinata)
Pfeifenwinde (Aristolochia macrophylla)
Baumwürger (Celastrus orbiculatus)
Knöterich (Fallopia aubertii = Polygonum aubertii)
Geißblatt (Lonicera-Arten)
Blauregen (Glyzine, Wisteria sinensis)
Hopfen (Staudenhopfen, Humulus lupulus)

Spreizklimmer
Kletterrosen (Rosa-Sorten)
Winterjasmin (Jasminum nudiflorum)
Brombeeren (Rubus-Sorten)

Selbstklimmer
Efeu (Hedera helix)
Selbstklimmerwein (Parthenocissus tricuspidata)
Trompetenblume (Campsis radicans)
Kletterhortensie (Hydrangea petiolaris)
Spindelstrauch (Euonymus fortunei var. radicans)

Einjährige Arten
Ranker
Glockenwinde (Cobaea scandens)
Kürbis (Cucurbita pepo)
Kalebasse (Lagenaria siceraria)
Wicke (Lathyrus odoratus)
Zaunrübe (Bryonia-Arten)

Schlinger
Hopfen (einjähriger, Humulus scandens)
Prunkwinde (Ipomoea purpurea)
Bohne (Phaseolus-Sorten)

Pflastern und Platten legen

Das Befestigen von Wegen und Stellflächen im Vorgarten erfordert einige Übung im **Pflasterbau**, zumal diese Wege und Plätze stets im Blickfeld liegen und häufig benutzt werden. Es empfiehlt sich deshalb für Heimwerker, zunächst an abgelegenen Plätzen zu üben, also etwa einen Zweisitzplatz im Wohngarten zu befestigen.

Im Zuge der Arbeiten werden die Schwierigkeiten insbesondere beim Einrichten der Höhe des Belages und beim Vorbereiten des Unterbaus erkennbar.
Wer selbst ein Granitpflaster im Rasen oder einen Plattenweg im Gemüsegarten geschafft hat, kann sich auch an die Pflasterung von Autostellplätzen oder Hauptwegen im Vorgarten wagen.

Wenn die ersten Pflasterarbeiten weniger gut gelingen, sollten besser Fachleute für die Befestigung der Vorgartenbeläge beauftragt werden. Vor allem ist es besser, wenn sich ungeübte Heimwerker nicht mit schwierigen Pflasterbauarbeiten überfordern. So bedarf es für das Verlegen von Polygonalplatten (etwa aus Schiefer oder Porphyr) Geschick und Erfahrung in der Handhabung dieser unregelmäßig geformten und oft unterschiedlich dicken Baustoffe. Wesentlich einfacher sind gleichförmige Steine oder Platten zu verlegen.

Erdaushub

Die Vorbereitungen sind für verschiedene Baustoffe dieselben. So gilt es zunächst die Fläche zu bemessen und abzustecken. Dementsprechend kann dann der Erdaushub erfolgen.

Vorhandener Gartenboden lässt sich andernorts verwenden. Bauschutt oder schlechter Boden landet nach dem Auskoffern in einem bereitgestellten Bauschuttcontainer, den die zuständige Firma dann entsorgt.

Unterbau

Als Unterbau für das ausgewählte Pflaster hat sich grober Schotter bewährt. Eine etwa 20 cm dicke **Schotterschicht** bildet eine tragfähige und dennoch wasserdurchlässige Basis für den weiteren Aufbau. Der Schotter wird dazu

Richtschnüre spannen

Randsteine setzen (Einzeiler)

Segmentbögen setzen

Pflastern auf Kalksplitt

PROFITIPP

Kleine Porphyr- oder Betonplatten brauchen einen massiven Unterbau aus Beton oder Mörtel. Einfacher als in nassen Beton lassen sich die Platten in eine trockene Mischung aus Zement und Sand (im Verhältnis 1 : 4) verlegen. Dazu wird dieser Trockenmörtel genauso wie Splitt verteilt und abgezogen. Darauf erfolgt das Verlegen der Platten. Erst wenn das Pflaster fertig verlegt ist, wird die Fläche mit dem Wasserschlauch und einer feinen Düse durchdringend angefeuchtet. Danach bindet der Mörtel an und härtet aus. Abschließend ist nur noch das Verfugen der Platten nötig.

gleichmäßig im ausgekofferten Bett verteilt und anschließend mit einem Vibrationsverdichter (»Rüttelplatte«) gefestigt.

Beim Einbauen der Schotterschicht ist schon die endgültige Pflasterhöhe zu beachten. Richtschnüre und Markierungen an Gebäuden geben die Höhe vor. Die Pflasterhöhe richtet sich beispielsweise bei einem Weg durch den Vorgarten nach einer Stufe an der Eingangstüre und den Randsteinen an der Straße.

Auf den Unterbau aus Schotter kommt eine dünne Splittschicht. Sie dient als Bett für die Pflastersteine oder für großflächige Platten. Kleine Platten werden besser auf Magerbeton verlegt.

Der **Splitt** lässt sich mit einer Richtlatte exakt waagrecht abziehen. Dabei sind zwei Metallrohre hilfreich, die vorher in der entsprechenden Höhe im Splittbett verlegt wurden. Das Verlegen des Pflasters oder der Platten auf dem richtig vorbereiteten Splittbett geht dann leicht von der Hand.

Splittbett

Anders als etwa Pflasterklinker, H-Betonsteine oder große Platten werden **Kleinsteinpflaster** nicht auf das abgezogene Splittbett gelegt, sondern in den Splitt gesetzt und mit dem Hammer in die passende Tiefe geklopft. Zur Orientierung dienen Richtschnüre, die vorher gespannt wurden und die Höhe des Pflasters vorgeben.

Gehölze pflanzen

Laubbäume und Sträucher sind in Gartencentern, Gärtnereien, beim Pflanzenversand und manchmal auch in Baumärkten erhältlich. Die größte Auswahl und die beste Beratung bieten aber die örtlichen **Baumschulen**, zumal die Gehölze dort auch vermehrt und kultiviert werden.

Gute Baumschulen führen Sortimentslisten und Kataloge, die bei der Pflanzenauswahl helfen. Einige verfügen über Schauanlagen, in denen bereits ausgewachsene Bäume und Sträucher zu begutachten sind. Markenbaumschulen gewähren außerdem eine **Anwachsgarantie** für Ballen- und Containerpflanzen (Gehölze mit Wurzel- oder Topfballen).

Sie gehören dem Bund deutscher Baumschulen (BdB) an und unterliegen strengen Gütebestimmungen, was dem Käufer zugute kommt. U. a. sind Mindestgrößen, die Sortenechtheit und andere Eigenschaften vorgeschrieben.

Dazu müssen die Pflanzen der Art entsprechend gewachsen sein (Sträucher z. B. mehrtriebig; Hochstämme mit geradem Stamm und verzweigter Krone etc.).
Vor allem aber dürfen nur gesunde Pflanzen in den Handel kommen. Gehölze, die den BdB-Vorschriften unterliegen, sind mit einem speziellen Etikett gekennzeichnet.
Solitärs, das sind Bäume oder Sträucher für besondere Plätze, wählt man am besten selbst aus. Weniger wertvolle Gehölze wie Heckenpflanzen kann man ungesehen liefern lassen, da sie ohnehin einen Rückschnitt brauchen.

Selbstverständlich eignen sich nur solche Laubgehölze für den Vorgarten, die den regionalen Bedingungen standhalten, die also das Klima, den Boden etc. vertragen.

Natürlich spielt auch der Preis für die Pflanzen eine Rolle, insbesondere bei der Neuanlage eines Gartens. Grundsätzlich sind Gehölze ohne Ballen billiger als »Ballenware« (mit Container- oder Erdballen). Sie benötigen jedoch einen Pflanzschnitt.

In tiefgründigem Boden pflanzen

Mit Rindenmulch abdecken

Ballenpflanzen brauchen keinen **Pflanzschnitt**, weil die Wurzeln intakt sind. Das gilt auch für Containerpflanzen, die man sich jederzeit in den Garten holen kann; sie sind an keine bestimmte Pflanzzeit gebunden.

Langfristig richtig pflanzen

Schon bei der Auswahl und beim Kauf ist die endgültige Größe der Gehölze zu beachten. Der momentane Zustand kann täuschen, zumal die Jungpflanzen nicht im selben Alter sind!

Bei der Zusammenstellung des Gehölzsortiments bzw. bei der Arrangierung der Gehölzgruppen ist unbedingt Pflanzenkenntnis erforderlich oder die Beratung durch eine(n) Fachfrau(mann). Am besten lässt man die Gehölze vom Gärtner im Garten auslegen, um die richtigen Pflanzabstände einzuhalten. Auf jeden Fall sind Namensetiketten wichtig, damit jede Pflanze je nach Art ihren passenden Standort bekommt.

Falls nötig wird eine Bodenverbesserung vorgenommen. Die Pflanzgruben müssen doppelt so breit und tief sein wie die Wurzelballen. Der Boden sollte humos und locker sein.

Staunässe ist zu verhindern. Bodenverdichtungen, etwa durch Baumaschinen oder Tonschichten, müssen durchbrochen und aufgelockert werden.

Die richtige Pflanzzeit

Die besten **Pflanzzeiten** für Gehölze ohne Ballen sowie für Ballenpflanzen, die keinen Topfballen haben, sondern einen in Jute gepackten Erdballen, sind nach wie vor im Frühjahr oder Herbst. Bei diesen Gehölzen werden die Wurzeln beim Ausgraben durchtrennt und die wichtige Wurzelsubstanz vermindert.

Dadurch ist die Wasserversorgung der Pflanzen beeinträchtigt. In der Wachstumszeit im Sommer würden sie welken oder müssten Trockenschäden hinnehmen. Im zeitigen Frühjahr (etwa im März/April) vor dem Austrieb oder im Herbst nach dem Triebabschluss (etwa von September bis November) vertragen sie das Umpflanzen wesentlich besser.

Rosen angießen nach der Pflanzung

Insbesondere Gehölze ohne Ballen, also mit losen Wurzeln, die einen Pflanzschnitt brauchen, pflanzt man grundsätzlich nur im Frühjahr oder im Herbst, wenn sie keine Blätter haben.

Kugelahorne stehen Spalier

Pflanzschnitt

Beim Pflanzschnitt, der das Anwachsen erleichtert, sind die Triebe etwa um ein Drittel ihrer Länge einzukürzen, damit die wenigen Wurzeln die Versorgung bewältigen.

An den Wurzeln wird möglichst wenig geschnitten. Nur die Wurzelspitzen schneidet man mit einer scharfen Schere nach. Zudem werden abgebrochene und zu lange Wurzeln eingekürzt.

Pflanztiefe

Alle Gehölze, also sowohl Gehölze mit losen Wurzeln als auch Container- und Ballenpflanzen, kommen ebenso tief in die Erde wie vorher. Maßgeblich ist der Wurzelhals. Das ist die Übergangsstelle von den Wurzeln zum Stamm oder zum Strauchwerk.
Nach dem Einfüllen der eventuell verbesserten Aushuberde muss gut festgetreten werden, damit die Wurzeln einen »Bodenschluss« (Bodenkontakt) bekommen. Dabei darf natürlich nicht auf den Wurzelballen getreten werden, sondern nur rund herum.

Gehölze mit losen Wurzeln rüttelt man vorher, damit die Erde zwischen die Wurzeln rieselt. Nach dem Pflanzen ist gut anzugießen. Dabei werden die Faserwurzeln eingeschlämmt, sodass sie Bodenkontakt bekommen und anwachsen können.
Große Gehölze brauchen in der Zeit des Anwachsens **Stützen**, bis sie sich selbst verankert haben. Gehölze mit Ballen werden schräg gepfählt und gebunden, Gehölze ohne Ballen senkrecht.

Zum Binden bietet sich Kokosschnur an. Sie muss straff sein und darf nicht an der Rinde scheuern. Nach zwei bis drei Jahren, bevor die Schnur das Holz einschnürt, sind die Stützen zu entfernen.

Rosenbeet im Sommer

Pflege

Laubgehölze sind leicht zu pflegen – vorausgesetzt sie stehen richtig. Die Pflanzen- und Standortwahl ist deshalb maßgeblich für ihr Gedeihen. Sie brauchen tiefgründigen Boden und einen ausreichenden Pflanzabstand, damit sie sich ungehindert entfalten können.

Nach der Pflanzung benötigen die Pflanzen bei Trockenheit regelmäßig Wasser, damit sie zügig anwachsen. Das **Mulchen**, etwa mit Gras, Stroh oder Rinde, hält den Boden feucht und unterdrückt Disteln, Quecken und andere störende Kräuter.

Die Mulchschicht muss dick genug sein oder erneuert werden, damit sie hält, bis die jungen Gehölze den Unterwuchs selbst unterdrücken oder – bei Hochstämmen – angewachsen und kräftig entwickelt sind. Günstig wirkt sich das Mulchen mit Herbstlaub aus, zumal die verlorenen Nährstoffe dem Boden wieder zugute kommen.

Dünger brauchen Laubgehölze in guter Gartenerde kaum oder selten. Ihnen genügen die im Boden vorhandenen Nährstoffe. Nur bei Dichtpflanzungen, insbesondere bei Hecken, sind Kompostgaben oder verrotteter Mist günstig, zumal sie geschnitten werden und mit dem Schnittgut Nährstoffe verloren gehen.

Mineralischen Dünger brauchen auch Hecken gewöhnlich nicht. Nur bei akutem Nährstoffmangel sind eventuell solche schnell wirksamen Mittel nützlich.

Natürlich gilt das nur für Freilandpflanzen. Laubgehölze, die als Kübelpflanzen kultiviert werden, benötigen immer regelmäßige Wasserversorgung und Düngung.

Vorgarten mit Hochbeet und Rosenspalier

AUF EINEN BLICK

Material

Betonringe, Gartenerde, Pflanzen, Pflasterklinker, Schotter, Sand oder Splitt, Quarzsand, KG-Rohre, Gullys, Baustahlmatten, Ringschrauben, Dübel

Werkzeug

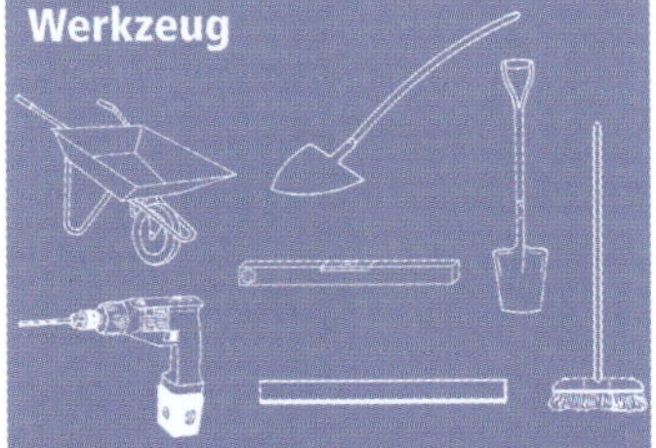

Schwierigkeitsgrad

Kraftaufwand

Arbeitszeit

1 Woche

Ersparnis

Durch Eigenleistung bzw. Mithilfe sind Einsparungen von ca. 1000 Euro möglich.

Ein großer, sonniger Vorgarten bietet beste Bedingungen für die Kultur vieler Pflanzen – für Kletterrosen an **Spalieren** ebenso wie für den Anbau von Gemüse. Hier erleichtern **Hochbeete** die Pflege. Eine großzügige Pflasterfläche ermöglicht den Zugang und bietet Platz zum Arbeiten im Freien.

1

5

2

3

4

1 Für die schweren **Betonringe**, die sich vorzüglich als verrottungsfeste Hochbeete eignen, sind tragfähige Unterlagen zu schaffen. Dazu dienen Betonpflastersteine, die kreisförmig ausgelegt werden. Das Aufzeichnen der Kreisbögen ist mit einer Schnur möglich.

2 Nach der Lieferung und Platzierung der schweren Ringe mit dem Kranwagen kommt sogleich die Befüllung mit gutem Gartenhumus an die Reihe. Falls nötig lässt sich der Humus mit Kompost verbessern, der Nährstoffe für die stark zehrenden Gemüse zuführt.

3 Die hochgelegten Beetflächen ersparen das Bücken bis zum Boden. Die Bepflanzung richtet sich nach dem Standort und natürlich nach persönlichen Bedürfnissen. Vor der Haustür stehen die frischen Gemüse und Kräuter jederzeit zum Ernten bereit.

6

7

8

4 Schon wenige Wochen nach der Bepflanzung hat sich die Mischkultur üppig entwickelt. Neben Salaten, Küchenkräutern und weiteren Gemüsen gedeihen Tagetes und andere Sommerblumen, die reichlich Wasser brauchen. Die grauen Ringe erhielten einen Anstrich mit Fassadenfarbe. Dadurch sehen sie freundlicher aus.

5 Die Vorgartenfläche erhält einen Belag aus **Pflasterklinkern**. Zunächst sind die Abwasserrohre zu verlegen, die an die Kanalisation angeschlossen werden. Sie nehmen durch Gullys im Pflaster überschüssiges Regenwasser auf. Die Rohre brauchen ein geringes Gefälle.

6 Pflasterklinker werden aus einer speziellen Tonmischung bei hohen Temperaturen gebrannt. Das macht sie frostsicher. Gewöhnliche Ziegel sind ungeeignet. Klinker gibt es in verschiedenen Formen und Farben im Baustoffhandel.

7 Besser als Sand eignet sich Splitt zum Pflastern. Der Splitt wird großflächig verteilt und anschließend mit der Richtlatte abgezogen.

Die Höhe des Unterbaus richtet sich nach der Pflasterstärke und nach vorhandenen Türen beziehungsweise Treppen, an denen sie anliegen. Auf der vorbereiteten Fläche kann das Pflastern bereits beginnen.

8 Wenn der Unterbau richtig vorbereitet ist, geht das Pflastern flott voran. Der frische Belag wird mit **Schalungsdeckeln** vor Beschädigungen geschützt. Er wird erst nach dem Verfugen und dem Bearbeiten mit der Rüttelplatte richtig fest. Pflasterklinker dürfen aber nur mit einem kleinen Rüttler mit Gummiboden verdichtet werden.

Hübsch und praktisch zugleich: Mit Pflasterklinkern eingesäumtes Beet

9

10

11

9 Zum lückenlosen Verlegen der Pflastersteine an den Betonringen müssen diese hochgehebelt werden. Dann lassen sich die Steine unter den Rand einschieben. Auch hier bewahren Schalungsdeckel das Pflaster vor Beschädigungen.

10 Sobald die Fläche gepflastert ist, erfolgt das Einschneiden von Steinen an den Rändern. Das ist mit einem Winkelschleifer oder einer speziellen Steinschneidemaschine möglich. Der Vorgarten wird später mit einem Zaun eingefriedet.

11 Das Verfugen mit Quarzsand schafft feste Verbände. Dieser feine Sand lässt sich mit dem Besen leicht verteilen. Er muss trocken sein, damit er in alle Fugen rieselt. Der weiße Sand trägt auch zur Gestaltung der roten Fläche bei.

12 Das Baumaterial für die Rosenspaliere gibt es in großen Matten im Baustoffhandel. Die Gitter können bereits dort mit einem Bolzenschneider in passender Größe abgetrennt werden. Als Kletterhilfe für Rosen genügen schmale Stücke, zumal die Rosentriebe verholzen und recht stabil sind.

Wenn die Spaliere etwa bis in 3 m Höhe reichen, genügt das den Kletterrosen zum Ranken. Die großen Maschen sind ideal für die dornigen Triebe. Kletterrosen sind so genannte Spreizklimmer, die sich mit bewehrten Trieben an der Kletterhilfe festhalten.

12

13

Hochbeete bringen frisches Grün an den Hauseingang

14

15

13 Ein **Rostschutz** in einer Verzinkerei erspart das mühselige Streichen der Baustahlmatten. Die Kosten halten sich in Grenzen, zumal sie nach Gewicht berechnet werden und die Baustahlstücke nur wenig wiegen.

14 Ringschrauben geben den Spalieren festen Halt. Solche Befestigungselemente sind in verschiedenen Größen im Baumarkt erhältlich. Als haltbarer als verzinkte Schrauben haben sich Edelstahlschrauben bewährt, die allerdings auch mehr kosten.

15 Nach dem Ausmessen der Befestigungsstellen, dem Bohren der Dübellöcher, dem Einsetzen passender Kunststoffdübel und dem Eindrehen der Ringschrauben erfolgt die Montage. Die verzinkten Spaliere werden in die oben offenen Ringe eingehängt.

16 Die leichten Spaliere wirken nicht aufdringlich und bieten dennoch eine hohe Tragfestigkeit. Die Befestigung in ausreichendem Abstand an der Wand verhindert Gebäudeschäden.

17 Auf diese Weise folgt ein Spalier dem anderen. Für die gesamte Wand sind vier Stück vorgesehen, und zwar zwei für Kletterrosen und zwei für Clematis.

18 Schon wenige Jahre nach der Begrünung bringen die Kletterrosen reichlich Blüten hervor.

17

16

18

Rosenbogen für den Eingang

AUF EINEN BLICK

Material

Baustahlgitter, Baustahlstäbe, Winkelstahl, Schlüsselschrauben, Beton, Schablone zum Biegen des Bogens (z. B. Betonring), Rohr zum Biegen der Stahlstäbe (z. B. Wasserleitungsrohr)

Werkzeug

Schwierigkeitsgrad

0 1 2 3

Kraftaufwand

0 1 2 3

Arbeitszeit

1 Woche

Ersparnis

Durch Eigenleistung sind Einsparungen von ca. 500 Euro möglich (Preis für ein vergleichbares Fertigteil).

Spaliere oder **Rosenbogen** sind ideale **Rankhilfen** für Kletterrosen. An einem luftigen Ort wie dem Torbogen gedeihen die Dauerblüher gut.

1

2

3

Baustahlmatte verwenden

Zum Bauen eines leichten, aber doch tragfähigen Rosenbogens eignet sich ein Stück von einer gewöhnlichen **Baustahlmatte**, das passend zugeschnitten wird. Nach der Verzinkung oder einem rostsicheren Anstrich wird die Baustahlmatte auf Punktfundamente aus Beton gestellt.

Nach der Pflanzung im Frühjahr bringen die Kletterrosen schon im Sommer einige Blüten hervor. Der Rosenbogen entwickelt sich dann von Jahr zu Jahr zunehmend üppiger bis zu voller Blütenpracht.

1 Baustahlmatten, die zur Bewehrung von Betondecken genutzt werden, gibt es in verschiedenen Größen und Stärken zum Beispiel in Baumärkten. Das Teilstück für den Rosenbogen wird mit einem Bolzenschneider von der Baustahlmatte abgetrennt. Dieses Stück der Baustahlmatte erhält dann mithilfe einer Schablone (z. B. einem Betonring) die passende Form.

2 Der Bogen krönt später die Metallkonstruktion am Eingang. Die Seitenteile, auf denen er montiert wird, müssen natürlich die passenden Längen haben. Aber auch diese Teile können bereits im Baustoffhandel zugeschnitten werden. Dadurch ist der einfache Transport mit einem Pkw-Anhänger möglich.

3–4 Der Rosenbogen erhält eine gute Stabilität, wenn er an den Rändern abgewinkelt und durch zusätzliche Baustahlstäbe verstärkt wird. Zum Abwinkeln der überstehenden Stahlstäbe ist ein Metallrohr geeignet. Das Rohr dient als Hebel und macht das Biegen von Hand möglich.

5 Nach dem Umbiegen der überstehenden Baustahlstücke kann das Anschweißen der Baustahlstäbe erfolgen. Der Baustahlstab wird zunächst fixiert, dann gebogen und Stück für Stück an den überstehenden, abgewinkelten Enden festgeschweißt.

Gleichermaßen erfolgt die Befestigung beiderseits des Rosenbogens. Die beiden geraden Seitenteile werden ebenso zugerichtet und verstärkt.

6 Falls sich beim Umbiegen der überstehenden Seitenteile **Schweißpunkte** am Baustahlgitter lösen, müssen diese wieder festgeschweißt werden. Lose Stellen sind im Zuge der Überprüfung des fertigen Bogens erkennbar.

STOP

SICHERHEITSTIPP

Die Schnittkanten der Baustahlstäbe sind messerscharf. Achten Sie beim Transport darauf und entgraten Sie die Schnittkanten zu Hause baldmöglichst mit dem Winkelschleifer oder mit einer Feile.

4

5

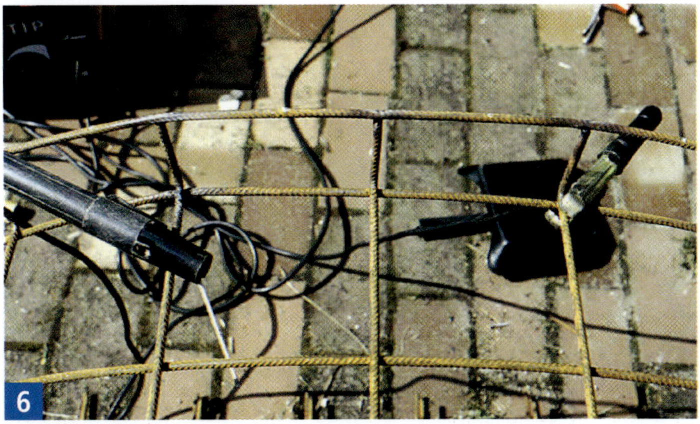

6

7

9

8

10

7 Die Anprobe der Seitenteile am bogenförmigen Oberteil macht erkennbar, ob die Teile zusammenpassen und wo noch Änderungen nötig sind. Zu lange überstehende Baustahlstäbe lassen sich problemlos mit dem Bolzenschneider passend zurichten.

8 Sobald die Fertigteile zugerichtet sind, erfolgt der Zusammenbau. Zunächst genügen punktuelle Verschweißungen an einzelnen Stäben. Zu beachten ist, dass die Teile auf einer ebenen Fläche aufliegen und nicht verkantet sind. Falls nötig kann eine Hilfskonstruktion etwa aus Brettern und **Schraubzwingen** das Zurichten erleichtern.

9 Zur Probe wird der Bogen schon einmal am Bestimmungsort platziert. Jetzt ist zu sehen, ob er richtig bemessen ist. Geringe Änderungen lassen sich noch bewerkstelligen. Allerdings müssen die Bauteile bereits beim Besorgen in der Baustoffhandlung bzw. vor dem Verschweißen genau zugerichtet werden. Eine Skizze ist dabei nützlich.

10 Die Endmontage erfolgt mithilfe einer Stützkonstruktion. Der Rosenbogen wird dazu aufgerichtet und mit Konstruktionshölzern

und Schraubzwingen fixiert. Der Bogen lässt sich so mit der Wasserwaage exakt gerade richten.

11 Damit eine Befestigung am Boden bzw. auf einem Betonsockel möglich ist, erhält der Rosenbogen noch Profile aus **Winkelstahl**. Diese werden passend zugeschnitten und durchbohrt. Bei diesen Arbeiten ist eine Werkbank nützlich.

12 Die Winkelstahlstücke sind so zugeschnitten, dass sie die Abstände zwischen den Baustahlstäben überbrücken. Sie lassen sich mit Schraubzwingen fixieren und sicher am Rosenbogen festschweißen. Die Zwingen dürfen nicht mit angeheftet werden.

13 Eine lange Schlüsselschraube wird durch das Bohrloch gesteckt und mit einer Kontermutter fixiert. Diese Konstruktion gibt dem Rosenbogen ausreichend Halt im Beton. Gleichermaßen wird die zweite Seite des Bogens vorbereitet.

Die Befestigung am Boden richtet sich nach dem Standort. Unter Umständen lässt sich der Rosenbogen direkt in den Boden einbetonieren oder anderweitig am Gartentor befestigen.

15

16

Auch ein Efeubogen steht dem Hauseingang gut zu Gesicht

14 Am Standort wurde bereits der Boden ausgekoffert. Für einen frostsicheren Sockel ist ein etwa 70 cm tiefes **Fundament** nötig. Eine einfache Schalung aus Brettern spart Beton.

15 Vor der endgültigen Befestigung auf dem Betonsockel erhält der fertige Rosenbogen noch einen Rostschutz aus Zink. Dazu wird er in eine Verzinkerei transportiert und nach der Behandlung wieder abgeholt. Der glänzende Zinkmantel wird mit der Zeit matt. Er bietet aber einen optimalen Wetterschutz.

16 Schon bald nach der Bepflanzung nehmen die Kletterrosen Besitz vom fertigen Klettergerüst.

Eingang pflastern und bepflanzen

AUF EINEN BLICK

Material

Granitsteinpflaster, Schotter, Splitt, Edelrosen und Kräuter

Werkzeug

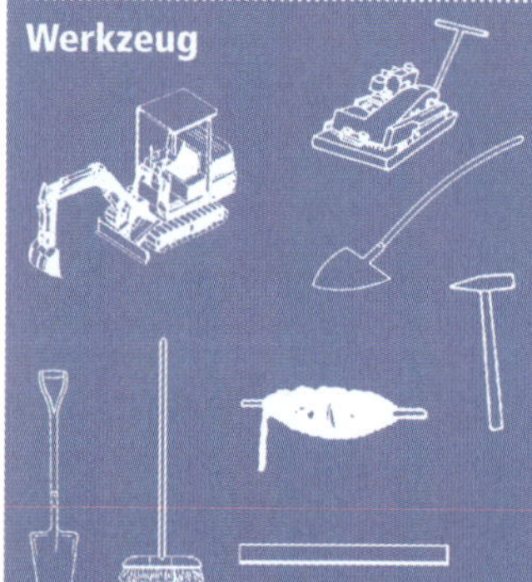

Schwierigkeitsgrad

0 1 2 3

Kraftaufwand

0 1 2 3

Arbeitszeit

1 Woche

Ersparnis

Durch Eigenleistung sind Einsparungen von ca. 1000 Euro möglich.

1

2

Rasenwege, Trittsteige aus Schotter und Rindenpfade haben sicher ihren Reiz und sind auch, wo sie passen, durchaus empfehlenswert. Hauptwege etwa im Vorgarten oder Stellplätze für Autos bekommen aber besser tragfähige ebene Trittflächen aus Natur- oder Kunststeinen.

Diese Flächen sind dann jederzeit begehbar, ohne dass Erde an den Sohlen kleben bleibt. Darüberhinaus sind sie sicher befahrbar, auch wenn der Boden aufgeweicht ist. Zudem sind sie das ganze Jahr ansehnlich und falls nötig, etwa wenn es schneit, leicht zu pflegen.

1 Nach der Entscheidung für ein **Großsteinpflaster** aus Granit und dem Vorbereiten des Unterbaus aus **Schotter** beginnen die Pflasterbauarbeiten zunächst auf den Stellplätzen vor den Garagen.

Zwei Steinreihen, die mithilfe von Richtschnüren und der Richtlatte in das Splittbett gesetzt wurden, erleichtern die Arbeiten, zumal sie die Höhe vorgeben.

2 Dasselbe Großsteinpflaster wurde zur Befestigung des Eingangs gewählt. Mithilfe eines kleinen Traktors oder eines Miniladers gehen die Arbeiten zügig voran. Das Verteilen der Baustoffe ist ebenso mit der Schubkarre möglich, wenn auf solche Mietgeräte verzichtet wird oder die Zufahrt in den Garten nicht möglich ist.

3 Zur Orientierung dienen vorhandene Treppen, fertige Pflasterflächen oder – wie hier – die Mauersockel von Gebäuden. Sie geben die Pflasterhöhe vor.

Beim Einrichten und Markieren der Pflasterfläche ist ein geringes Gefälle einzuhalten, damit bei starken Regenfällen das Wasser vom Haus weg zur Straße abläuft. Allerdings nehmen die großen Fugen im Pflaster problemlos eine große Wassermenge auf.

4 Die Steine lassen sich nach dem Einrichten der Höhe in das Splittbett setzen. Falls nötig wird Splitt unterfüllt oder abgeräumt, damit alle Pflastersteine bündig in derselben Höhe sitzen. Geringe Unebenheiten sind später mit der Rüttelplatte auszugleichen.

Für **Pflanzinseln** am Haus, die Kletterpflanzen aufnehmen sollen, werden halbkreisförmige Steinreihen als Segmentbögen gesetzt. Bereits während der Pflasterarbeiten sollten die fertigen Teilstücke jeweils mit Splitt verfugt werden. Dadurch bekommen die verlegten Steinverbände schon eine ausreichende Festigkeit.

Vor dem Pflastern ist das Verlegen von Leerrohren für Stromleitungen, etwa für Licht und Klingel oder für Bewässerungsanlagen, nicht zu vergessen.

5 Ebenfalls in Teilabschnitten können fertige Pflasterflächen mit der Rüttelplatte behandelt werden. Dadurch lassen sich geringe Unebenheiten ausgleichen.

3

4

5

Zudem bekommt des Pflaster an diesen Stellen schon die optimale Festigkeit. Es kann dann bereits zum Transport von Baustoffen genutzt werden.

6 Das grobe Verfugen mit **Splitt** geht mit der Schaufel von der Hand. Die feinkörnigen Schottersteinchen verkeilen sich in den Zwischenräumen und geben auf diese Weise den Pflastersteinen festen Halt.

7–8 Beim Nacharbeiten mit dem Besen rieseln die restlichen Steinchen in die Fugen.

Statt hellem Kalksplitt ist auch grauer Granitsplitt zum Verfugen geeignet. Durch eine unterschiedliche Materialwahl lassen sich farbliche Akzente setzen.

9 Nach der Fertigstellung der großen Flächen kommt das Anbinden an Türen und Rändern an die Reihe. Durch das Einfügen von Kleinsteinen aus Granit lässt sich

6

7

8

das Einschneiden mit dem Winkelschleifer vermeiden.

Große Fugen oder Lücken im Pflaster können ebenso mit anderen Baustoffen aufgefüllt und dabei attraktiv gestaltet werden. Dazu eignen sich beispielsweise glasierte **Keramikklötze** oder farbige Natursteine.

10 Sobald die Pflasterflächen fertig gestellt sind, folgen die Erdarbeiten. Hier wurde guter Gartenhumus verteilt, mit der Bodenfräse gelockert und schließlich mit dem Rechen planiert.

Edelrosen pflanzen

Zur Begrünung am sonnigen Eingang eignen sich Edelrosen, die auch als Containerpflanzen erhältlich sind. Solche Topfrosen machen die Pflanzung auch im Sommer möglich.

11 Der gepflasterte Eingangsbereich bietet sich auch als Arbeitsfläche etwa zum Bepflanzen von Kübeln für die Terrasse an. In den Fugen haben sich stellenweise schon Rasengräser ausgebreitet.

Solche Rasenpflaster, die gezielt mit Grassamen eingesät werden, sehen weniger streng aus als graue Granitpflaster.

12 Bereits ein Jahr nach der Gestaltung des Eingangsbereiches sind die Pflanzen angewachsen.

9

10

11

12

14

Zwischen den Rosen gedeihen Lavendelbüsche. Eine Schicht aus Rindenmulch verhindert die Entwicklung störender Wildpflanzen.

13 Die Pflasterfläche aus Granitsteinen ist immer ansehnlich und modern. Granit hat sich außerdem als völlig frostsicherer Pflasterbaustoff bewährt.

Mittlerweile wurde der Garten mit einem Holzzaun umgrenzt, der farblich mit dem grauen Pflaster harmoniert.

14 Der schöne Vorgarten ist eine perfekte Visitenkarte. Der einfache Holzzaun friedet das Grundstück sicher ein, ohne störend zu wirken.

13

Pflegeleichtes Vorgartenbeet anlegen

AUF EINEN BLICK

Material

Acrylfaservlies (Teichvlies oder Unkrautschutzvlies), Natursteine, Splitt, Pflanzen, Pfähle, Kokosstrick

Werkzeug

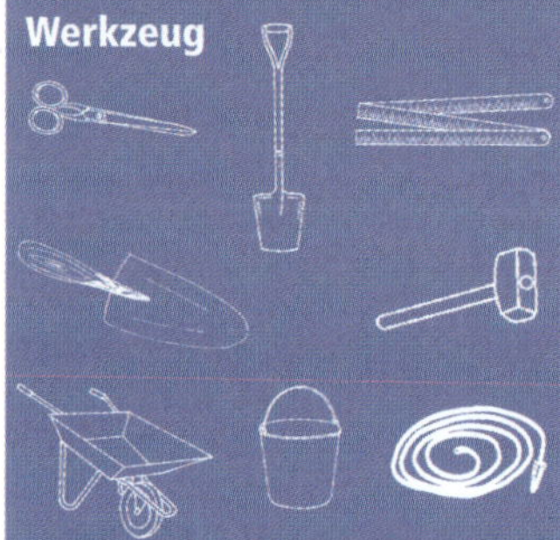

Schwierigkeitsgrad

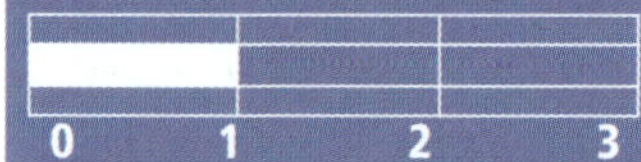

Kraftaufwand

Arbeitszeit

1 Tag

Ersparnis

Durch Eigenleistung sind Einsparungen von ca. 500 Euro möglich.

Hausgärten brauchen insbesondere während der Hauptwachstumszeit vom Frühjahr bis zum Sommer ständig Pflege. So müssen unter anderem die Pflanzen mit Wasser versorgt und die Beete vom Unkraut befreit werden.

4

5

Vor allem im Vorgarten, der stets im Blickfeld liegt, darf man die Pflege nicht vernachlässigen. Allerdings ist es möglich, mit einfachen Mitteln viel Arbeit zu sparen. So wirkt ein Kies- oder **Splittbeet**, das gezielt mit Pflanzen begrünt wird, immer attraktiv und benötigt sehr wenig Pflege, wenn auf dem Boden ein verrottungsfestes **Kunststofffaservlies** ausgebreitet wird.

1 Sobald die Pflanzfläche vom Unkraut befreit ist und mit dem Rechen eingeebnet wurde, kann das Vlies ausgebreitet werden.

Im Fachhandel sind dafür spezielle schwarze Unkrautschutzvliese erhältlich. Ebenso eignen sich Teichvliese, die als Meterware von der Rolle zu bekommen sind.

Zur Gestaltung dienen hier Kalkbruchsteine, die auf dem Gartengelände vorhanden sind. Daraus entstehen kleine Inseln, in denen die Gehölze platziert werden. Als schlanker Vorgartenbaum kommt an dieser Stelle eine Eberesche (Sorbus aucuparia 'Moravica') zum Einsatz.

2 Die **Bruchsteine** beschweren das leichte Vlies und verhindern das Verwehen durch den Wind. Zudem setzen sie Akzente im einheitlichen Splittbeet. Die schweren Brocken erfordern viel Krafteinsatz. Falls nötig werden für die schweren Arbeiten Helfer angeheuert.

3 Die Abstände zwischen den Steininseln sollten gleich sein, damit ein symmetrisches Bild entsteht. Beim Ausmessen ist ein Meterstab hilfreich.

Selbstverständlich sind auch weniger strenge Formationen möglich. Die Gestaltung richtet sich nach dem jeweiligen Garten und dem persönlichen Geschmack.

4 Kurze Wege zur Baustelle erleichtern die Arbeit. Die Lagerung auf Holzpaletten schont das neue Pflaster, das an den Garten angrenzt. Hier wurde ein Großteil der Bruchsteine bereits für den Bau einer Trockenmauer verbraucht. Die Reste genügen für das Vorgartenbeet.

5 Neben der Eberesche stehen zwei Buchsbäumchen Spalier. Für die Unterpflanzung der Eberesche wurden immergrüne Gräser ausgewählt (Carex morrowii). Viele Gehölze und Stauden sind mittlerweile auch in Töpfen erhältlich. Solche so genannten Containerpflanzen machen die Gartengestaltung auch im Sommer möglich.

6 Das Splittbeet soll langfristig mit **Bodendeckern** begrünt werden. Dazu dienen Efeupflanzen, die sich am Boden flächig ausbreiten, wenn sie keine Kletterhilfen vorfinden. Sie dürfen später auch am Haus hochklettern, sobald sie die Wand erreicht haben.

6

9

7

8

7 Inmitten der Steininsel erhält die Eberesche ihren Platz. Dazu wird das Vlies kreuzweise aufgeschnitten und aufgeklappt. Dann ist die Erde erreichbar.

Das Auskoffern der Pflanzgrube erfolgt mit dem Spaten. Die überschüssige Erde landet einstweilen in der Schubkarre. Das Vlies sollte sauber bleiben, damit sich später keine Wildpflanzen in Erdkrümeln ansiedeln.

8 Besonders in windigen Lagen brauchen Gehölze während der Anwachszeit eine **Stütze**. Sonst drückt der Wind ständig auf das Geäst und reißt die feinen Faserwurzeln immer wieder los.

Zum Stützen der Eberesche genügen zwei kurze Baumpfähle, die senkrecht am Wurzelballen vorbei in den Boden geschlagen werden.

9 Kokosstricke halten das Stämmchen beiderseits an den

Pfählen fest. Durch das Verdrillen der Stricke kommen stramme Bindungen zustande.

Später, wenn sich das Bäumchen fest im Boden verankert hat, ist nicht zu vergessen, die Stricke wieder zu lösen. Sonst schnüren sie in die Rinde ein und würgen den Saftstrom ab.

10 Nach der Pflanzung des Vorgartenbäumchens kommt die Unterpflanzung mit Gräsern an die Reihe.

Wie vorher ist zunächst ein Kreuzschnitt im Vlies nötig. Das feste Gewebe lässt sich nur mit scharfen Werkzeugen durchtrennen. Das kann eine gute Haushaltsschere oder ein Gärtnermesser sein.

11 Nun lässt sich das Pflanzloch ausheben. Das gelingt am besten mit einer Pflanzschaufel. Sie macht auch die Lockerung des Bodens möglich. Bei diesen Pflanzarbeiten darf der Wurzelballen der Eberesche nicht verletzt werden. Dementsprechend sind ausreichende Pflanzabstände einzuhalten.

12 Anschließend kommt die Ballenpflanze an ihren Platz. Sie darf weder zu tief noch zu flach im Pflanzloch sitzen. Der Wurzelballen sollte bündig mit der Erdoberfläche abschließen.

Sobald alle Gräser ins Beet eingesetzt sind, werden die aufge-

10

11

12

schnittenen Vliesecken wieder am Boden angedrückt.

13 Nun ist nur noch die Verteilung von Splitt notwendig. Das feinkörnige Material ist preisgünstig im Baustoffhandel erhältlich, da es in großen Mengen für Pflasterarbeiten verwendet wird. Moorbeetpflanzen (z. B. Rhododendren, Eriken) vertragen allerdings besser Granitsplitt, zumal sie kalkunverträglich sind.

14 Tüchtiges Einschlämmen mit dem Wasserschlauch schließt alle Hohlräume im Boden und verhindert die Austrocknung feiner Faserwurzeln.
Die Vliesauflage und die Splittdecke wirken wie eine Mulchschicht. Sie unterdrücken nicht nur unerwünschte Wildkräuter, sondern verhindern auch die Wasserverdunstung.

15 Die beiden Buchsbäume – hier **Ballenpflanzen** – brauchen ausrei-

chend große Pflanzgruben zur Entfaltung der Wurzeln.
Auch dafür wird das Vlies kreuzweise eingeschnitten. Falls nötig muss die Aushuberde mit Kompost oder lockerem Gartenhumus verbessert werden, etwa wenn sehr sandige oder steinige Gartenerde vorliegt.

16 Eine reichliche Bewässerung ist besonders bei beschädigten Ballenpflanzen oder bei wurzelnackten Pflanzen nötig. Das Einschlämmen kann bereits vor dem Verteilen des Splitts erfolgen.

17 Gleichermaßen erhalten die Efeupflanzen ihre Plätze im Beet. Diese robusten Immergrünen kommen auf jedem Gartenboden zurecht. Sie wurden hier ausgewählt, da sie mit den Jahren eine dichte Pflanzendecke bilden.

18 Nach dem Aufschneiden der Vliesdecke kommen Quecken zutage. Diese unverwüstlichen Wurzelunkräuter breiten sich ohne Vliesdecke flächig im Garten aus. Das Jäten hilf wenig, denn aus jedem Wurzelstückchen wächst wieder eine neue Pflanze.

Das Abdecken mit Vlies ist deshalb die einzig wirksame Methode, zumal Spritzmittel unerwünscht sind.

19 Obwohl Efeupflanzen recht genügsam sind, erleichtert ihnen eine gründliche Bodenvorbereitung das Anwachsen.

17

18

19

20

22

21

23

Nach dem Ausgraben des Pflanzlochs und dem Austopfen aus dem Kunststoffcontainer bekommt der Efeu seinen Platz im Beet.

20 Das Vlies unterdrückt ganz besonders die hier wüchsigen Quecken. Damit hat das mühselige Unkrautjäten ein Ende: Vereinzelte Triebe, die sich zwischen den Schnittkanten im Vlies durchschieben können, lassen sich später bei Kontrollgängen durch den Vorgarten ganz einfach abzupfen.

21–22 Nun ist nur noch die flächige Verteilung des Splitts erforderlich. Dieses äußerst feine Material lässt sich jedoch sehr einfach verarbeiten.

Eine dicke Decke von ca. 5 cm bildet einen dichten und zugleich dekorativen Belag, der dennoch luft- und wasserdurchlässig bleibt. Mit der Zeit breiten sich dann die Efeutriebe im Splittbeet aus und wurzeln fest.

23 Ein Splittbeet sieht sofort nach der Anlage hübsch und ansehnlich aus.

Ebenso kann ein pflegeleichtes Vorgartenbeet mit Kies oder Schotter gestaltet werden.

Trittplatten im Vorgarten verlegen

AUF EINEN BLICK

Material

Z. B. Natursteinplatten (Polygonalplatten aus frostsicherem Kalkstein)

Werkzeug

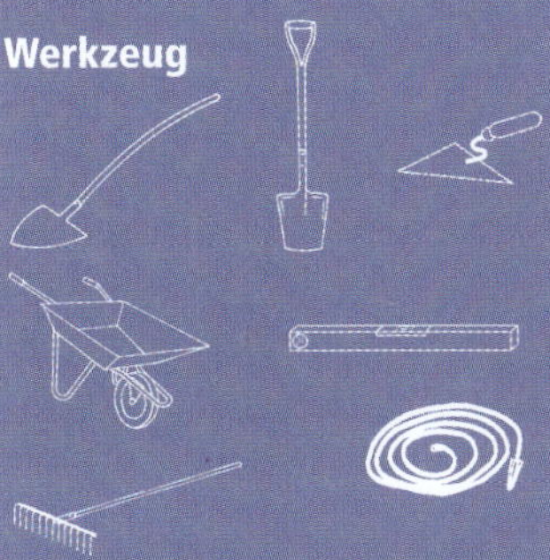

Schwierigkeitsgrad

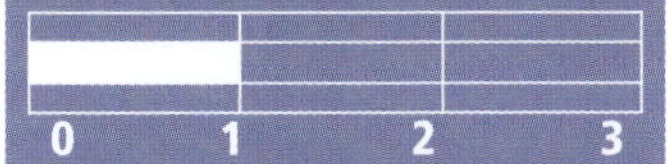

Kraftaufwand

Arbeitszeit

1 Tag

Ersparnis

Durch Eigenleistung sind Einsparungen von ca. 200 Euro möglich.

Komposter, Kräuterbeete und andere Gartenelemente, die abseits liegen, sind manchmal nur über den **Rasen** erreichbar. Bei Regen oder im Morgentau bleiben dann beim Zugang nasse Füße nicht erspart. Dagegen helfen **Trittplatten**, die im Rasen verlegt werden.

1

2

3

Solche **Plattenwege** sind recht einfach zu bewerkstelligen, weil sie keinen Unterbau brauchen. Die Platten werden in einem für alle Bewohner günstigen Schrittmaß direkt in den Boden beziehungsweise in den Rasen gelegt. Das ist auch nachträglich möglich, indem die Rasensoden ausgestochen und durch Platten ersetzt werden.

Die Platten – vorzugsweise aus Naturstein – müssen bündig zur Erdoberfläche liegen, damit sie beim Mähen nicht stören. Sie wachsen bald nach dem Einsetzen in die Rasenfläche ein.

Der Einsatz solcher Trittplatten ist auch dort empfehlenswert, wo sich durch häufiges Begehen Trampelpfade abzeichnen.

1 Für einen Nebenweg im Vorgarten, der hier von der Haustüre aus durch den Rasen zu einer **Kräuterschnecke** führt, ist kein massiver Gehweg nötig. Es genügen einzelne Trittplatten. Das können Natursteinplatten mit glatter Oberfläche sein oder flache Bruchsteine mit jeweils einer möglichst ebenen Seite.

2 Der Plattenweg soll eine kurze Strecke zwischen dem Pflaster am Eingang und einem befestigten Plattenbelag neben einer Kräuterschnecke überbrücken.

Er muss nur gelegentlich, etwa für die Ernte frischer Kräuter aus dem Garten, zur Verfügung stehen. Ein massiver Weg ist deshalb unnötig. Zunächst wird zur Probe eine Platte auf den Boden gelegt.

3 Zu beachten ist, dass die Platten in einem günstigen Schrittmaß aneinander gereiht werden. Beim Verlegen von polygonalen Platten, die unterschiedliche Formen und Größen haben, lassen sich die Abstände am einfachsten durch einen Gehtest herausfinden.

Falls nötig sind jetzt noch Änderungen möglich. Der Weg sollte auch für Kinder gut begehbar sein.

4 Beim Einrichten der Platten zeigt die Wasserwaage die richtige Lage an. Der Boden muss dementsprechend abgegraben oder unterfüllt werden, bis jede Platte exakt waagrecht liegt.

4

5

Zur Orientierung können auch Einfassungssteine am Haus hilfreich sein. Sie geben auf der gesamten Länge des Weges die Höhe der Platten vor.

5 Auf diese Weise kommt Platte für Platte ein Weg zustande. Währenddessen erfolgen hier die Vorbereitungen des Unterbaus für den befestigten Plattenbelag. Dazu dienen in diesem Fall großformatige Natursteinplatten, die auf Splitt verlegt werden.

6 Die Übergänge vom Rasenweg zum befestigten Plattenbelag müssen bündig sein. Damit keine Stolperfallen entstehen, werden beide Beläge mithilfe der Wasserwaage in derselben Höhe verlegt.

7 Zum Verfugen der großen Polygonalfläche dient Splitt, der später mit Rasen eingesät wird. Die Rasensamen keimen auch in diesem feinen Gesteinsmaterial

6

7

8

9

und tragen zur Festigung des Belages bei.

Die Rasenplatten werden mit Humus verfugt. Das Auffüllen der Zwischenräume erfolgt sogleich nach der Fertigstellung.

8 Der vorhandene lehmige Boden lässt sich nur mit Mühe verteilen. Besser eignet sich lehmiger Sand oder lockerer **Gartenhumus** für solche Arbeiten. Grobe Erdschollen müssen beim Ebnen der Fläche und beim Verfugen mit dem Rechen zerkleinert werden.

9 Die Einsaat mit Rasensamen kann sofort nach dem Verlegen der Platten und dem Verfugen erfolgen. Am einfachsten gelingt die Aussaat von Hand, zumal sich der Einsatz eines Säwagens auf der kleinen Fläche – insbesondere in den Plattenfugen – nicht lohnt.

10 Das **Saatgut** muss nur noch eingeharkt werden. Das Angießen fördert den Bodenkontakt der feinen Grassamen und beschleunigt die Keimung. Die Aussaat ist vom Frühjahr bis zum Herbst möglich. Allerdings gehen die Grassamen bei warmem Wetter zügiger auf als an kühlen Tagen.

Bei günstigen Wachstumsbedingungen bildet sich schon 14 Tage nach der Aussaat ein grüner Flaum. Es dauert noch mehrere Wochen bis sich ein dichter, begehbarer Rasenteppich entwickelt.

10

Treppe bauen

AUF EINEN BLICK

Material

Schotter, Splitt, Granitzeilen, Pflastersteine

Werkzeug

Schwierigkeitsgrad

0 1 2 3

Kraftaufwand

0 1 2 3

Arbeitszeit

1 Tag

Ersparnis

Durch Eigenleistung bzw. Mithilfe sind Einsparungen von ca. 500 Euro möglich.

Für den Treppenbau auf gewachsenem Boden haben sich **Natursteine** bestens bewährt. Sie sind – anders als Holzstufen – völlig verrottungsfest und liegen felsenfest. Der schwere Baustoff erfordert natürlich Mühe und einen tragfesten Unterbau.

1

2

3

4

5

1 Natursteine eignen sich vorzüglich für den Treppenbau. Für Stellstufen dienen Granitquader, die im Straßenbau verwendet werden und recht preisgünstig im Baustoffhandel zu bekommen sind.

2–3 Der Treppenbau im Vorgarten kommt schon bald nach der Hausfertigstellung an die Reihe. Bis zum Baubeginn dienen Schalungsdeckel als Gehhilfen zwischen Straße und Haus.

6

7

8

4–5 Die Natursteintreppe wird von unten nach oben auf einem Schotterbett aufgebaut. Das Verdichten des Schotters ermöglicht eine **Rüttelplatte**. Nach der Bearbeitung mit der Rüttelplatte können die Stufen später sicher aufliegen. Der massive Unterbau erspart ein aufwändiges Betonfundament.

6 Als Belag wurden unten bereits Pflastersteine zwischen die **Stellstufen** eingesetzt. Oben geht der Ausbau weiter, indem zunächst Splitt eingefüllt und verdichtet wird. Die Natursteinbaustoffe machen die Treppe völlig verwitterungsfest und als zeitloses Gestaltungselement wertvoll.

7 Sobald die Stellstufen aufgebaut und waagrecht eingerichtet sind, ist der Treppenausbau kein Problem. Zum Pflastern eignen sich Kopfsteine aus Granit. Die Fugen werden abschließend noch mit Splitt verfüllt.

8 Der Splitt festigt das Bauwerk zusätzlich. Je nach Natursteinart lassen sich verschiedene Splittarten wählen, so etwa grauer Granitsplitt oder weißer Splitt aus Kalkgestein.

9 Beim Treppenbau mit massiven Steinquadern ist es wichtig, von der Basis her genau nach Maß aufzubauen. Die erste Stufe muss waagrecht und in der richtigen Höhe liegen. Das Einrichten der schweren Stufen ist natürlich ein Kraftakt. Einfache Werkzeuge mit Hebelwirkung erleichtern deshalb die Arbeit.

10 Außer der richtigen Höhe und der waagrechten Lage sind passende Abstände zwischen den Stufen erforderlich. Die Steigung der Treppe muss bereits vorher festgelegt werden.

11–12 Vor dem Setzen jeder Granitzeile ist es notwendig, den Schotter abzugraben. Mithilfe der

9

10

11

12

13

Richtlatte ist der passende Sitz der Stellstufen sichtbar. Gegebenenfalls muss tiefer ausgegraben oder unterfüllt werden. Die waagrechte Lage wird mit der Wasserwaage bestimmt.

Blockstufen

Am einfachsten lassen sich Steinquader oder Betonsockel zu einer massiven und haltbaren Treppe zusammenfügen. Der Aufbau von Blockstufen erfordert nämlich kein Betonfundament. Sie sind deshalb besonders im Garten gut geeignet.

Allerdings macht der Aufbau mit großen Quadern sehr viel Mühe. Die Preise richten sich nach dem jeweiligen Baustoff. Selbst gemachte Betonblöcke sind jedoch schon für weniger als 5 € pro Stück zu bekommen. Der Preis für Blockstufen aus Natursteinen oder Pflasterklinkern richtet sich nach dem Material.

Legstufen

Für Legstufen ist meist ein Fundament aus Beton nötig, zumal die Platten oder Steine bei starker Belastung oder durch Frosteinwirkung leicht verdrückt werden. Deshalb ist auch das feste Zusammenfügen der Steine mit Mörtel nötig. Das erfordert natürlich mehr Geschick im Umgang mit den Baustoffen.

Der Kraftaufwand ist allerdings geringer als beim Bau von massiven Block- oder Stellstufen. Die Kosten richten sich nach dem verwendeten Material. Bei einem Preis von ca. 1 € für einen Klinker kommen pro Stufe ca. 30 € zusammen.

Stellstufen

13 Die hier verwendeten Stellstufen bestehen zum Teil aus schweren Blöcken, die als Einfassungen für den Belag dienen. Das Transportieren und Einrichten dieser Natursteinquader oder Betonsteine (es können z. B. auch Beeteinfassungssteine genutzt werden) ist mit Muskelkraft oder mit Maschinen möglich.

Die Treppenbeläge aus Kopfsteinen, Klinkern oder auch nur aus Schotter lassen sich nach dem Aufbau der Stellstufen viel leichter bewerkstelligen. Die Kosten richten sich wie bei den anderen Treppentypen wiederum nach dem Baustoff.